« LES ÉNIGMES DE L'UNIVERS »

Collection dirigée par Francis Mazière

DU MÊME AUTEUR

chez le même éditeur :

LA VIE APRÈS LA VIE

LUMIÈRES NOUVELLES
SUR « LA VIE APRÈS LA VIE »

GUÉRISSEZ PAR LE RIRE

LA LUMIÈRE DE L'AU-DELÀ

Dr RAYMOND MOODY
avec la collaboration de Paul Perry

VOYAGES *dans* LES VIES ANTÉRIEURES

Traduit de l'anglais par Colette Vlérick

ÉDITIONS ROBERT LAFFONT
PARIS

Titre original : LIFE BEFORE LIFE

ISBN 2-221-05376-1
(édition originale :
ISBN 0-333-45397-2 MacMillan London Limited)

INTRODUCTION

Avons-nous déjà vécu ? Vivons-nous d'autres vies ?

Beaucoup de gens, croyants et non-croyants le pensent. Pour les Hindous, nous mourons et renaissons dans une sorte de cycle sans fin. Certains Orientaux croient qu'un individu qui a beaucoup péché devra revenir sur terre, dans un nouveau corps, pour avoir une chance de se purifier de ses péchés. Pour les Hindous, on récolte ce que l'on sème : une mauvaise personne dans cette vie revient sous une forme peu attirante, un insecte, par exemple.

Il en est pour affirmer que l'on peut revenir dans ces autres vies presque à volonté. L'hypnose permettrait de se brancher sur une zone du cerveau où ces autres vies seraient stockées, entièrement ou partiellement, un peu comme de vieux dossiers d'imposition classés dans un meuble de rangement...

On a donné au processus hypnotique le nom de *régression dans les vies antérieures.*

Je crois que l'on peut dire sans grand risque d'erreur que, pour la plupart des gens, la régression sous hypnose est une vaste fumisterie. Ils la mettent dans le même sac que les convergences harmoniques (où les planètes s'alignent en formant des zones d'influence) ou la guérison par les cristaux.

Il y a des différences significatives entre ces choses-là (que, personnellement, je considère comme de la charlatanerie) et la régression sous hypnose. La différence essentielle est la suivante : lors des régressions, *il se passe quelque chose.* Des gens normaux, psychologiquement sains, se voient réellement vivre dans des civilisations anciennes, vivre dans des temps reculés. Ils se voient habillés de vêtements d'époque et entendent souvent les gens qui les entourent parler dans la langue concernée, avec des sujets de conversation normaux pour cette époque.

Ceux qui font des régressions ne découvrent pas tous qu'ils ont été Christophe Colomb, Henri VIII ou un autre personnage historique célèbre. La plupart sont tout sauf des membres de l'aristocratie ou de l'élite. Dans l'ensemble, ils sont esclaves, gladiateurs, soldats ou garçons d'étable. Autrement dit, ils revivent des vies de gens ordinaires, aussi ordinaires qu'ils le sont actuellement. Ceux qui retrouvent des destins particuliers sont peu nombreux ; quant aux vies antérieures pleines de faste et d'opulence, elles sont encore plus rares.

Je sais que c'est vrai parce que je l'ai constaté dans ma pratique psychiatrique.

Il m'est arrivé, au cours de psychothérapies avec des clients psychologiquement sains d'entendre, à ma grande surprise, ces clients décrire des épisodes troublants où ils avaient l'impression d'être ramenés, à travers le temps et l'espace, dans un endroit où ils se sentaient dans la peau d'une personne vivant à une époque lointaine.

En général, cette expérience prend la forme d'une image sensorielle, le plus souvent visuelle. Mais, parfois, le sujet hypnotisé parle de sons et d'odeurs, et ne voit rien. Les gens sentent que tout cela est lié à des événements datant d'avant leur naissance, mais ils les perçoivent avec une telle réalité qu'ils sont convaincus d'être bel et bien « remontés dans le temps ».

J'ai longtemps estimé que la poignée de cas que j'avais rencontrés ou dont j'avais entendu parler n'étaient que des moments d'aberration, des rêves éveillés très vivants qui ne justifiaient pas une recherche approfondie.

Et j'en serais resté là sans la publication de mon premier livre sur les expériences proches de la mort : *La Vie après la vie*[1]. Ce livre m'a valu des centaines de lettres de lecteurs. La plupart racontaient des expériences proches de la mort, des expériences spirituelles intenses chez des gens qui avaient failli mourir. Mais parmi les autres lettres, il

1. *La Vie après la vie,* éditions Robert Laffont, même collection.

y avait des récits d'autres phénomènes psychologiques et spirituels passionnants, y compris de nombreux récits de souvenirs de vies antérieures semblables à ceux que mes clients m'avaient racontés. Certains étaient même tout à fait étonnants, comme celui-ci par exemple :

Pendant ma régression, je me suis retrouvée dans la peau d'une petite fille d'une douzaine d'années ; j'étais dans la forêt, près d'une pièce d'eau. J'ai regardé mes pieds et je me suis rendu compte qu'ils étaient foncés. A côté de moi, sur une sorte de lit de camp, il y avait une femme ; je savais que c'était ma grand-mère. Elle était en train de mourir, et je me sentais très seule.

J'ai réussi à remonter encore plus loin, à l'âge de cinq ans environ. J'avais l'impression qu'il n'y avait pas de père dans la famille, mais j'étais avec ma mère. Tout autour de nous, les hommes du village construisaient des maisons en rondins.

Je passais mes journées avec les femmes de la tribu à tresser des paniers et à ramasser de la nourriture.

Je ne sais pas où c'était, mais je savais que les Blancs étaient là parce que, dans les conversations, on parlait des étrangers blancs qui nous avaient chassés jusqu'ici.

Quand ma grand-mère est morte, je suis devenue une solitaire et j'ai vécu toute seule dans la forêt jusqu'à à peu près vingt ans. J'ai pu remonter à ma mort et j'ai vu que je m'étais cassé la jambe et qu'il n'y avait personne pour s'occuper de moi. Je voyais ma jambe se décolorer et j'ai fini par comprendre que c'était ainsi que j'étais morte.

Cette femme m'a expliqué que c'était une expérience très forte, comme un souvenir récent. Elle pouvait même sentir les odeurs de la forêt et du village.

Une autre femme s'est retrouvée au milieu de la foule d'un jour de marché, avec son père :

Nous portions des robes d'un tissu rêche ; il y avait partout des voitures et des chevaux. Nous nous sommes arrêtés au marché des esclaves et mon père a acheté plusieurs esclaves.

J'ai pu retourner à la maison où j'habitais avec mon père. Nous avions une demeure élégante avec des murs épais et des meubles magnifiques. J'avais l'impression que nous étions très riches.

Je suis allée plus loin dans ma vie, jusqu'à l'âge de seize ans, et j'ai senti que j'étais très en colère contre mon père. Il voulait me marier à un homme plus âgé que moi, et je ne voulais pas. Je me sentais pleine de rage et terrifiée.

Je décidai de partir pour le Nouveau Monde. La femme qui avait été ma gouvernante me glissa un peu d'argent, et je pus ainsi payer mon passage en Amérique sur un navire qui faisait la traversée. Mais le bateau a fait naufrage. Je voyais les gens tout autour de moi complètement paniqués ; je nous voyais en train de nager désespérément, essayant de trouver quelque chose à quoi s'accrocher. Et puis je me suis vue me noyer.

Tous ces cas se ressemblent sur de nombreux points. Dans le cas type, le sujet se sent submergé d'images dont il pense qu'elles ont fait partie de sa vie à une époque lointaine.

Ces images apparaissent souvent dans le contexte d'un conflit psychologique ou d'un moment de crise mais, parfois, elles semblent surgir sans raison apparente.

D'après certaines des lettres que j'ai reçues, et d'après mes patients, ces images sont apparues après la visite d'un site inconnu jusqu'alors. Ces gens disent que l'impression de familiarité donnée par ces lieux leur laissait le sentiment agaçant que, comme l'écrit un de mes correspondants, « ces murs ont une mémoire ».

Cette familiarité spontanée avec les lieux engendre souvent un sentiment de nostalgie chez ceux à qui cela arrive. Ils éprouvent un profond désir de retrouver l'endroit qu'ils ont vu dans leur régression. Aimaient-ils vivre dans cet environnement ? Etaient-ils heureux ? Riches ou pauvres ? Etaient-ils des membres respectés de la communauté ? Ou bien étaient-ils simplement le sel de la terre ? Ce genre de questions vient souvent à l'esprit quand s'ouvrent ces fenêtres sur le passé. Pour beaucoup, ce type d'expérience a marqué le point de départ d'une quête spirituelle et psychologique profonde qui a débouché sur un nouveau sentiment de paix et de compréhension de soi.

Une odyssée pour tous

Depuis quelques années, les expériences de vies antérieures ont été amplement débattues dans les médias. Shirley MacLaine en a eu plusieurs qu'elle raconte de façon passionnante dans son livre *L'Amour foudre*[1].

Son récit de ses voyages dans « les vies antérieures », et ceux d'autres personnes, ont laissé l'impression à la plupart des lecteurs qu'ils devaient se contenter d'écouter ces gens parler de leurs étonnants voyages sous hypnose. Pour le reste de l'humanité, les portes de la perception restaient fermées.

C'est ce que je pensais jusqu'à ce que, il y a deux ans, j'entreprenne mon propre voyage dans le royaume fascinant des vies antérieures. J'ai passé l'essentiel de ma carrière de thérapeute à étudier les expériences inhabituelles de mes semblables, mais il ne m'était jamais rien arrivé d'aussi extraordinaire.

En dépit de ma formation et de ma pratique de l'hypnose thérapeutique, je ne m'en étais jamais servi dans un but autre que celui d'aider mes patients à apprendre à se relaxer, à mieux supporter la douleur ou à arrêter de fumer. Je n'avais jamais non plus imaginé être un bon sujet d'hypnose. En

1. Shirley MacLaine : *L'Amour foudre*, Ed. Sand.

somme, l'hypnose était pour moi un moyen de parvenir à la relaxation profonde ou à un sommeil facile. Rien de plus.

En avril 1986, cela changea : les portes de la perception me furent ouvertes lors d'un séjour en Floride chez mes amis John Audette et Diana Denholm. Diana est psychologue ; elle travaille dans un hôpital et utilise l'hypnose depuis des années pour aider ses clients à perdre du poids, à arrêter de fumer, à surmonter une phobie ou à apprendre à se relaxer.

Elle me raconta que, de temps à autre, un de ses clients en état d'hypnose profonde régressait spontanément dans ce qu'elle pensait être une vie antérieure. La première fois que c'était arrivé, Diana avait été très ennuyée. Elle avait cru avoir commis une erreur, ou bien que son client souffrait d'un dédoublement de personnalité.

Cela se produisit à plusieurs reprises, et, finalement, Diana n'éprouva plus aucune inquiétude quand l'un de ses clients remontait le temps. Elle commença au contraire à se sentir très intriguée par le phénomène et finit par savoir comment induire ce type de régression.

Elle m'expliqua qu'elle utilisait la régression dans le temps comme instrument thérapeutique. Pour elle, la possibilité de « jeter un coup d'œil » dans le passé aidait ses patients à comprendre leurs problèmes actuels.

Je me montrai quelque peu sceptique. Comme beaucoup de mes confrères, j'estimais qu'il n'y avait rien de sérieux dans ces histoires de voyage hypnotique dans le temps.

Elle ne tenta même pas de discuter et de me convaincre : elle me proposa simplement de m'hypnotiser. Cela se fit le jour même, dans l'après-midi. Elle me guida patiemment, et j'entrai dans une transe hypnotique profonde. L'expérience que j'ai vécue à ce moment-là fut tout simplement ahurissante. Aujourd'hui, quand on m'interroge à ce propos, il me vient des mots comme fascinant, palpitant, troublant, mais, en définitive, apaisant et rassurant.

Exploration d'un mystère

Ce que j'ai vécu ce jour-là a été le point de départ d'un programme de recherche passionnant qui a duré deux ans. J'ai fait moi-même plusieurs régressions dans les vies antérieures et j'ai, par ailleurs, guidé des dizaines de personnes dans la même expérience.

Ces recherches m'ont convaincu que presque tout le monde peut faire ces spectaculaires voyages dans le temps. Cela ne demande que de la patience et l'ouverture d'esprit suffisante pour reconnaître qu'on ne sait pas grand-chose de l'esprit humain, en particulier sur l'étonnante façon qu'il a de communiquer avec lui-même. Il s'agit là d'une dimension de l'esprit encore peu explorée, mais où naissent les mythes personnels de chaque individu. Ces mythes participent à l'élaboration de l'image de soi et font de nous ce que nous sommes.

Pour Joseph Campbell, spécialiste des mythes, la réincarnation

> « laisse entendre que vous êtes plus que ce que vous pensez être. Vous possédez des dimensions et un potentiel de réalisation et de conscience qui n'entrent pas dans la conception que vous avez de vous-même. Votre vie est plus profonde et plus vaste que vous ne pouvez l'imaginer dans le présent. Ce que vous vivez n'est qu'une parcelle de ce qui est réellement en vous, ce qui vous donne la vie, le souffle et la profondeur. Mais vous pouvez vivre en fonction de cette profondeur. Et quand vous avez l'occasion d'en faire l'expérience, vous vous apercevez soudain que toutes les religions en parlent ».

Des réponses, mais encore plus de questions

Mes travaux dans ce domaine peuvent aider d'autres personnes dans cette quête de leur identité. Les régressions dans les vies antérieures m'ont indubitablement aidé. Grâce au processus hypnotique, j'ai pu comprendre pourquoi je réagis comme je le fais à certains événements, à certains environnements, ou même à telle ou telle image. Je me suis aperçu que les régressions constituaient un outil précieux pour mieux me comprendre.

Je dois quand même vous avertir : vous pourriez bien estimer, au bout du compte, comme moi, que ces expériences font naître bien d'autres questions. Personnellement, cela ne me dérange pas. En dépit des points d'interrogation qu'elles soulèvent, mes régressions m'ont permis de développer ma prise de conscience personnelle et m'ont ouvert des possibilités dont je n'aurais même pas osé rêver.

Encore un mot : il est facile de conclure que ces expériences intenses prouvent que nous avons vécu d'autres vies avant celle-ci. Or, même si je ne peux pas le prouver, je ne pense pas que ce soit le cas. Vous le découvrirez plus loin, j'ai adopté une explication plus simple et qui me satisfait. Vous pouvez très bien tester cette hypothèse pour vous-même.

L'aspect le plus intéressant des régressions est peut-être que vous pouvez en tirer vos propres conclusions et user de vos expériences comme bon vous semble. Vous pouvez vous en servir comme d'un outil de découverte de soi pour trouver des solutions neuves à de vieux conflits psychologiques, ou pour atteindre cette paix de l'esprit si difficile à connaître.

Comme l'a dit un médecin plein de sagesse : « Nous sommes tous notre propre expérience. Nous pouvons utiliser les résultats de nos recherches comme nous le voulons. »

La régression sous hypnose est, en général, une méthode lente qui impose au thérapeute de poser de très nombreuses questions. On pourrait la comparer à la façon dont une femme raconte à son mari une journée de travail bien remplie. L'auditeur doit poser beaucoup de questions pour obtenir des détails intéressants sur le contenu précis des conversations, sur les réactions des divers intéressés, et sur l'aspect exact de l'environnement. C'est un peu à cela que ressemble une régression sous hypnose. C'est un échange laborieux de questions et de réponses entre le sujet et le thérapeute, le sujet étant en hypnose profonde.

Voici un extrait de la transcription d'une séance de régression avec un de mes clients.

Sujet : Je me regarde et je vois que je porte une robe blanche.

Thérapeute : Pouvez-vous voir s'il y a d'autres gens autour de vous ?

Sujet : Oui.

Thérapeute : Que portent-ils ?

Sujet : Ils portent aussi des robes blanches.

Thérapeute : Que font-ils ?

Sujet : Ils sont debout autour d'un mur de pierre au centre de la ville. Ils ont de grands pots, et un homme plonge une espèce de seau dans un trou et en remonte de l'eau. Il remplit leurs pots à eau.

Thérapeute : Comment se comportent les gens autour de ce puits ?

Sujet : Ils ont tous l'air heureux. Il y a quelque chose en préparation, et tous attendent cet événement.

Thérapeute : Pouvez-vous vous approcher de ces gens pour entendre ce qu'ils disent ?

Sujet : Oui. Je suis avec eux, maintenant, et j'entends ce qu'ils disent. Ils sont heureux parce que le roi vient dans leur ville aujourd'hui. Il va bientôt arriver parce que quelqu'un a aperçu son cortège à l'horizon.

Etc.

Pour les besoins de ce livre, chaque cas est présenté sous forme d'un résumé des expériences du sujet, établi immédiatement après la séance d'hypnose.

Ce mode de travail a permis la cristallisation de l'expérience, aussi bien pour le sujet que pour moi, processus qui aboutit à l'amélioration du travail thérapeutique ultérieur. Il a aussi fourni les histoires curieuses mais faciles à lire qui forment la trame de l'ouvrage.

EXPLORATIONS

1

Les neuf autres vies de Raymond Moody

Mes conférences sur les expériences proches de la mort (*Near Death Experiences* ou NDEs) ont toujours amené des questions sur les autres phénomènes paranormaux. Chaque fois que vient le moment de donner la parole à mes auditeurs, une bonne partie de leurs interventions portent sur des sujets comme les enlèvements par les OVNIs (Objets Volants Non Identifiés), la torsion des petites cuillères, les maisons hantées et les vies antérieures.

J'ai toujours été assez embarrassé par ces questions, et pas seulement parce qu'elles n'entraient pas dans le cadre de mes travaux. Après tout, rien de tout cela n'a de relation avec les NDEs, ne serait-ce que parce que les NDEs sont des expériences spirituelles profondes se produisant spontanément chez des personnes en train de frôler la mort. Elles s'accompagnent en général d'un ou de plusieurs des symptômes suivants : expérience de sortie du corps, impression de monter à toute vitesse dans un tunnel qui conduit vers une lumière très brillante, rencontre à la sortie du tunnel de parents décédés depuis longtemps, et vision rétrospective de toute la vie passée avec l'assistance d'un Etre de Lumière.

Les NDEs n'ont donc pas grand-chose de commun avec les nombreux autres phénomènes paranormaux sur lesquels on m'interroge fréquemment après mes conférences. Ils représentent des domaines de recherches pour lesquels, en toute honnêteté, je n'éprouvais guère d'intérêt.

Ce manque d'intérêt concernait aussi bien les vies antérieures. J'ai toujours pensé a priori que ces voyages dans le temps étaient un produit de l'imagination du sujet, et rien de plus, une sorte de rêve éveillé ou une façon curieuse de satisfaire un désir. Je croyais que la plupart des gens qui faisaient ces régressions se retrouvaient pharaon d'Egypte ou roi dans quelque pays. En réalité, quand on m'interrogeait là-dessus, j'avais beaucoup de mal à cacher mon scepticisme.

La première fois que j'ai entendu parler des régressions, ce fut par Ian Stevenson, qui enseigne à l'université de Virginie. Il est psychiatre et spécialiste de médecine psychosomatique, mais il est connu pour avoir mené une vaste enquête sur les récits de réincarnation dans le monde entier. Le récit type est celui que fait un enfant qui se « souvient » spontanément d'autres vies.

A une époque, Stevenson a fait quelques régressions sous hypnose et il a jugé qu'il s'agissait d'une méthode vraiment peu fiable pour étudier la question de la réincarnation. Il pensait que le sujet reproduisait quelque chose qu'il avait appris ou dont il avait entendu parler auparavant et que — sous hypnose — il le projetait.

J'en étais donc là jusqu'à ma rencontre avec Diana Denholm. Outre le fait d'utiliser l'hypnose dans sa pratique de psychologue, c'est une femme adorable et très persuasive. A l'origine, elle ne se servait de l'hypnose que pour aider les gens à s'arrêter de fumer, à perdre du poids ou même à retrouver des objets perdus. Toutefois, de temps en temps, il se produisait des choses curieuses : certains clients se mettaient à parler d'expériences qu'ils avaient faites dans une autre vie. En général, cela arrivait quand elle faisait remonter aux gens le cours de leur vie pour retrouver un souvenir traumatique ; c'est ce qu'on appelle la thérapie par régression. Cette méthode aide à trouver la racine de phobies ou de névroses qui rendent la vie difficile. On fait plonger le client dans son passé en soulevant une couche après l'autre pour découvrir les traumatismes psychologiques, tout à fait comme un archéologue explore les strates successives pour découvrir les reliques du passé.

Cependant, le but de la régression thérapeutique n'est *pas* de remonter avant la date de naissance du client ; on se contente de sa vie présente !

Quand un client semble remonter plus loin que ce que l'on croit possible, ce n'est donc pas volontaire. Dans ce cas-là, il se met brusquement à parler d'une autre vie, d'un autre lieu et d'une autre époque, exactement comme si la scène se déroulait devant lui.

Par exemple, une femme qui a des difficultés à répondre aux demandes sexuelles de son mari consulte une hypnothérapeute comme Denholm pour savoir si l'on n'a pas abusé d'elle dans son enfance, ce qu'elle aurait oublié et qui l'aurait rendue réticente à l'égard de la sexualité. Or, au cours de la régression, elle décrit soudain une autre vie : elle était esclave sous l'Empire romain, et l'on se servait d'elle comme objet sexuel.

C'était ce genre de choses qui arrivaient à Denholm quand elle faisait faire des régressions hypnotiques à ses clients.

Au début, elle en fut très inquiète. Elle se demandait si elle n'avait pas commis une faute dans la thérapie, ou si elle n'avait pas affaire à un client souffrant de dédoublement de personnalité sans qu'elle s'en soit aperçue. Cela se reproduisit plusieurs fois, et elle finit par se détendre. Elle se rendit compte qu'elle pouvait même utiliser ce phénomène à des fins thérapeutiques.

Avec du travail et de la pratique, elle acquit une réelle compétence pour aider les gens qui laissaient le phénomène se produire. Elle utilise couramment la régression thérapeutique dans sa pratique actuelle car il permet d'économiser de nombreuses heures de thérapie en plongeant droit au cœur du problème.

Ce que Diana avait à dire sur les régressions

m'intriguait. Jusque-là, j'avais dénié toute valeur à ces expériences. Mais j'ai beaucoup d'estime pour Diana, et elle me parlait d'un phénomène spontané, quelque chose qui se produisait simplement au cours de certaines thérapies.

Comme je considère que nous sommes tous effectivement notre propre sujet d'expérience, je décidai de faire moi aussi une régression. Je m'en ouvris à Diana qui m'offrit d'en faire une l'après-midi même. Elle m'installa dans un fauteuil de relaxation bien rembourré et elle me fit glisser lentement, avec beaucoup de savoir-faire, dans une transe profonde. Par la suite, elle me dit que ma transe avait duré à peu près une heure. A tout moment, je suis resté conscient d'être Raymond Moody et de travailler sous la direction d'une hypnothérapeute de grande classe. Cette heure me suffit pour traverser neuf civilisations du passé : je me vis dans différentes incarnations, avec le monde qui m'entourait à chaque fois. Je ne sais toujours pas ce que cela signifie, ou même si ces « vies » veulent dire quelque chose. Mais je sais que ce furent des expériences très fortes, plus proches de la réalité que du rêve. Les scènes avaient les couleurs de la vie, et les événements se déroulaient suivant leur propre logique interne et non suivant un « désir » de ma part. Je ne me disais pas : « Qu'est-ce que j'aimerais voir arriver maintenant ? » Ou bien : « Comment continuer le scénario ? » Ces vies si présentes se présentèrent selon leur propre mouvement, comme des films sur un écran.

Voici quelques notes générales sur les vies que j'ai vécues au cours de cet extraordinaire voyage de l'esprit. Seules deux de ces vies se déroulaient à des époques que je pus reconnaître, toutes deux dans la Rome antique. Pour les autres, je n'avais aucun élément qui me permette de les situer dans la chronologie occidentale. C'était dans des sociétés préhistoriques ou primitives, ou sans aucune possibilité de repère historique.

Quand j'ai commencé à voir ces épisodes, ils dégageaient une telle impression de familiarité qu'ils m'emplirent de nostalgie. C'était vraiment comme d'authentiques souvenirs personnels. Certains étaient fragmentaires. Mais d'autres étaient si complets, si réels, que j'avais l'impression de retrouver des événements personnels en revoyant des films de famille.

Voici, en ordre chronologique, la série de vies que j'ai traversée sous la houlette de Diana Denholm.

1re vie : La vie dans la jungle

Dans la première incarnation, j'étais un proto-humain, une version préhistorique de l'homme. J'étais, sans équivoque possible, une créature arboricole, qui vivait en haut des arbres au sein des branches et des feuilles. Je ressemblais étonnamment à un homme, mais je n'étais pas un singe.

Je n'étais pas seul. J'appartenais à un groupe

de créatures qui vivait dans des structures ressemblant à des nids. Nous nous aidions mutuellement à construire ces abris en nous assurant que nous pouvions tous y accéder. Nous savions que la communauté nous apportait la sécurité et nous rassurait. Cela devait être à une époque assez avancée dans l'évolution du cerveau humain. Bien que dans la peau d'une créature simiesque, j'étais sensible à la beauté. Je m'en suis rendu compte parce que nous avions choisi un endroit très joli pour nous installer, comme si la qualité de notre environnement était prioritaire. Des fleurs de toutes les nuances de rose tapissaient le sommet des arbres et entouraient la plate-forme où nous vivions, ce qui faisait une ravissante décoration naturelle, un véritable océan de couleurs.

Au cours de cette expérience, mon centre de gravité était situé au niveau de mes épaules, contrairement à la réalité actuelle, puisque notre centre de gravité se trouve au niveau des hanches. Je me déplaçais dans une position penchée, les bras pendant jusqu'aux pieds. Je pouvais me tenir debout avec un petit effort mais, en général, pour me déplacer vite et efficacement, je me servais de mes quatre membres.

Je me souviens d'une impression de grande curiosité, et de peur en même temps, concernant la façon dont se passait la vie au sol. A un moment, un animal qui ressemblait à un sanglier passa sous notre arbre en courant à toute vitesse et en faisant un bruit terrible. Je me rappelle que cela nous inquiéta beaucoup, mes compagnons « pré-humains » et moi. Cela déclencha un autre sentiment, tout nouveau pour moi : la peur que nous éprouvions était une forme de peur panique, qui nous affolait et nous faisait sauter dans tous les sens avec frénésie. Mais une forte curiosité s'y mêlait. J'avais très envie de voir cet animal de plus près, presque au point de laisser ma curiosité l'emporter sur le bon sens.

Au moment où j'éprouvai ce sentiment de curiosité presque fatale, je me rendis compte que j'étais incapable de m'exprimer verbalement. Nous communiquions simplement en montrant nos émotions. Au lieu de parler, nous devions nous contenter de la méthode frustrante qui consiste à exprimer ses besoins et ses sentiments par la pantomime.

Je me rappelle aussi que nous nous nourrissions de fruits. J'ai le souvenir très vif d'avoir mangé un fruit que je n'ai pas reconnu, très juteux et plein de graines rouges. C'était tellement réel que, dans ma transe, j'avais vraiment l'impression de le manger. Je sentais nettement le jus me couler sur le menton quand je mordais dans ce fruit.

Au cours de ma régression, je n'ai absolument pas pu contrôler le moment où j'entrais dans une vie et où je la quittais. Il semble que mon inconscient sélectionnait ce que je devais voir, et faisait glisser une scène après l'autre. J'eus donc un petit aperçu de ma vie dans les arbres puis je passai à une autre vie.

2e vie : L'Afrique primitive

J'avais une douzaine d'années et je vivais avec d'autres gens dans une forêt tropicale, dans une région d'une beauté extraordinaire. Le fait que nous étions tous noirs me fit supposer que c'était en Afrique.

Au début de cette aventure sous hypnose, je me trouvais dans les bois, en haut d'une pente douce, et je regardais une plage d'un blanc éblouissant, qui s'étirait au pied de la colline, le long d'un lac aux eaux calmes. Une forêt tropicale plutôt clairsemée entourait notre village ; elle épaississait au fur et à mesure que l'on montait vers les collines et les montagnes.

Nous vivions dans des maisons construites sur de solides pilotis à cinquante centimètres du sol. Il y avait une grande pièce carrée aux murs de paille tressée. Je ne peux pas en dire beaucoup plus, sauf que c'était très confortable. Il faisait chaud, mais pas trop, et la brise qui soufflait du lac conservait une agréable fraîcheur à l'intérieur des huttes.

Différentes scènes défilèrent devant moi.

A un moment, j'étais un petit garçon et je pêchais au bord du lac. Les hommes étaient au large dans leurs bateaux, mais j'étais encore trop petit pour qu'on me laisse partir avec eux. J'étais quand même très fier de ma contribution à l'approvisionnement du village : plusieurs poissons enfilés sur une ficelle. J'avais l'intention de rester en eaux peu profondes à jeter mon filet et à ramener du poisson jusqu'au coucher du soleil.

Je n'ai pas vu mes parents dans cette vie, mais je sentais fortement leur présence. Par exemple, je savais que mon père était là-bas sur un de ces bateaux, en train de travailler avec les autres hommes du village et que ma mère était avec les autres femmes, mais je ne les ai aperçus à aucun moment ; j'étais simplement conscient de la sécurité offerte par leur proximité.

A un autre moment, j'étais plus âgé et je marchais au flanc d'une montagne bleu-noir terriblement déchiquetée. Nous marchions pieds nus en suivant une piste primitive et nous portions de longues lances avec des boucliers en bois décorés de peintures brillantes qui représentaient des animaux.

Nous arborions tous d'éclatantes peintures de guerre. Le sentier était très raide et pénible à grimper, mais nous retenions notre respiration autant que possible pour éviter de faire du bruit.

Comme j'avais très peur, je supposais que nous allions nous battre. Je me souviens d'une impression de très grande fatigue et de peur. Je ne comprenais pas ce que je faisais là et je regrettais profondément de ne pouvoir retourner vers ma maison au bord du lac.

Puis cette vie s'effaça.

3e vie : L'erreur du maître constructeur de bateaux

Dans l'épisode suivant, je me suis vu, d'un point extérieur à moi, comme par les yeux d'une tierce personne, sous l'aspect d'un homme très âgé et très musclé. J'avais des yeux bleus, de longs cheveux argentés et — malgré mon grand âge — je travaillais toujours durement comme maître constructeur de bateaux.

Je travaillais dans un long bâtiment entièrement ouvert d'un côté, face à un important cours d'eau. Dans le bâtiment, il y avait de longues poutres et de lourdes pièces de bois. Sur les murs et sur le sol, on voyait les outils primitifs nécessaires à la construction navale.

Ce devait être les dernières heures de ma vie. Ma petite-fille de trois ans, une enfant très timide, était avec moi. Je lui parlais en lui expliquant l'usage des différents outils sur un bateau que je venais de terminer ; pendant ce temps, elle regardait timidement par-dessus les plats-bords.

Je mis le bateau à l'eau le jour même et j'emmenai ma petite-fille faire un tour. Nous profitions innocemment de la promenade sur les eaux paisibles, quand, brusquement, un mur d'eau nous balaya et submergea le bateau. Je fus emporté d'un côté et je vis ma petite-fille entraînée de l'autre. Je me débattis dans l'eau autant que je pouvais, essayant de toutes mes forces de parvenir jusqu'à elle, mais la nature fut plus rapide et plus forte que moi. A mon grand désespoir, je la vis disparaître, aspirée par les eaux.

A ce moment, j'abandonnai. Je me souviens d'avoir été une dernière fois submergé par les flots ; j'éprouvais un terrible sentiment de culpabilité pour avoir proposé cette promenade qui avait tué ma petite-fille chérie.

Je ressentais, sous hypnose, une peur aussi forte que si j'avais réellement été en train de me noyer. J'avais le cœur qui battait à me faire mal et je sentais ma tension artérielle monter. J'entendais les terribles déferlements de l'eau autour de ma tête et j'éprouvais toutes les sensations qui accompagnaient mes tentatives d'agripper le bateau avec les mains. Mes mains glissaient sur le bois, et l'eau déferla sur moi tandis que je coulais. Je mourus avec cet écrasant sentiment de culpabilité qu'un grand-père peut éprouver quand il a causé la mort d'un de ses petits-enfants. Mais comme j'entrai dans la mort, la culpabilité se transforma en émerveillement. Je me trouvai soudain absorbé dans une lumière resplendissante, submergé d'une béatitude totale. A ce moment, je sus que tout irait très bien pour ma petite-fille et moi. J'en éprouvais un profond soulagement.

4e vie : **La terrifiante chasse au mammouth**

Dans la vie suivante, j'appartenais à un groupe d'hommes désespérés qui chassaient le mammouth.

Ce n'est pas dans ma nature de m'attaquer à aussi gros, et surtout pas à un mammouth ! Pourtant, dans cet état hypnotique, je me rendais compte que nous n'étions pas très bien nourris et que nous avions vraiment besoin de cette nourriture.

Nous étions vêtus de peaux de bêtes qui nous protégeaient juste assez pour ne pas mourir de froid. Elles nous couvraient la poitrine et les épaules mais ne ménageaient en rien notre pudeur. En réalité, la chaleur et la pudeur étaient bien notre dernier souci pour l'instant, car, face à ce mammouth, peu nous importait tout cela. Nous étions tous les six dans un petit ravin et nous bombardions l'énorme animal de pierres et de bouts de bois.

Le mammouth saisit un des membres de la tribu avec sa trompe et, d'un mouvement aussi net qu'efficace, lui écrasa la tête. C'était toute l'horreur des premiers âges.

Je me souviens, au milieu de cette horrible scène, d'avoir pensé qu'il devait y avoir un meilleur moyen de se procurer à manger. Dire que c'était une expérience terriblement déprimante et éprouvante pour les nerfs reste bien en deçà de la vérité.

Mais elle m'offrit une double perspective.

J'assistais à la scène non seulement à la première personne, en tant que participant, mais aussi à la troisième personne, comme si j'avais été en train de regarder un film. Ce point de vue extérieur me troublait fort. C'était comme si j'étais brusquement sorti de mon corps, comme si j'avais eu une expérience hors du corps, et que je me voyais moi-même en pleine action.

5e vie : **Travaux publics à l'ancienne**

Heureusement, je quittai cette vie et je me retrouvai au milieu d'un énorme chantier de travaux publics dans un environnement qui me sembla typique de l'aube de la civilisation. Dans ce rêve, je n'étais ni roi ni même chef d'équipe, mais simple ouvrier, comme les autres. Je crois que nous travaillions à la construction d'un aqueduc ou d'une route, mais je n'en suis pas sûr car, d'où j'étais, je ne pouvais pas voir l'ensemble du chantier.

Nous, les ouvriers, vivions dans des immeubles de pierre blanche alignés sur plusieurs rangées, avec de petits parcs entre eux. J'habitais un appartement dans les étages avec ma femme. J'avais l'impression que nous y vivions depuis plusieurs années car l'endroit me paraissait très familier.

Dans la pièce où nous vivions, il y avait une petite plate-forme de repos où j'étais couché avec ma femme. J'avais horriblement faim, et ma femme mourait littéralement de faim. Elle était allongée sans mouvement sur la couche, le visage creux, attendant visiblement que sa vie s'éteigne. Nous restions allongés calmement, essayant de conserver notre énergie pour survivre encore un jour. Dans ma régression, je la voyais : elle n'avait pas un gramme de graisse, ses muscles avaient fondu, et elle était trop fatiguée même pour un faible sourire. La faim l'avait vieillie, mais elle ne devait guère avoir plus de quarante ans ; elle avait des cheveux noirs comme l'aile du corbeau et un visage aux pommettes hautes.

Je sentais que nous avions eu une bonne vie ensemble, mais le manque de nourriture avait effacé beaucoup de souvenirs.

Nous n'étions pas seuls à souffrir de la faim. Il devait y avoir une famine car tout le monde était dans le même état. Tous les hommes avec qui je travaillais commençaient la journée épuisés par les privations. Je me souviens de monter péniblement une colline pour aller travailler le matin. Aucun de nous ne parlait : nous n'en avions plus la force. Nous pouvions juste nous traîner en silence.

J'éprouvais un fort sentiment de culpabilité parce que ma femme était en train de mourir et que je ne pouvais rien faire pour la protéger.

Je me souviens de monter tristement sur cette colline, de regarder derrière moi pour apercevoir notre habitation, désespéré. Puis cette vie s'effaça, comme les autres.

6ᵉ vie : Jeté aux lions

Cette fois, j'étais enfin dans une civilisation identifiable : la Rome antique. Malheureusement, je n'étais toujours pas empereur ou noble, dans ce rêve. J'étais dans une fosse aux lions, près d'être dévoré pour l'amusement du public.

Au début, je me vis de l'extérieur. J'avais de longs cheveux brun-roux et une moustache. J'étais très mince et avais pour tout vêtement une sorte de short en cuir. Je connaissais un peu mon histoire. Je savais que je venais d'une région appelée Germanie et que j'avais été capturé au cours d'une des campagnes militaires de l'Empire romain. L'armée m'avait utilisé pour transporter le butin qu'elle rapportait à Rome, et, à présent, j'allais être massacré dans le seul but d'amuser les soldats. Je me voyais, levant les yeux vers la foule pressée en haut de la fosse. Je suppose que je la regardais pour implorer sa pitié car, derrière une grille toute proche de moi, il y avait un lion terriblement affamé. Je sentais la force de l'animal, et j'entendais le bruit qu'il faisait en se préparant à me dévorer.

Je savais qu'il n'y avait aucun secours à espérer, mais pourtant, quand la grille fut levée, mon instinct de survie l'emporta, et je cherchai un moyen d'échapper à mon terrible sort. Mon poste d'observation changea, et je me retrouvai dans mon corps de captif. Je jetai un rapide coup d'œil au-dessus de moi, à droite puis à gauche. A gauche, mes yeux rencontrèrent ceux d'un spectateur. Cet homme était l'être le plus répugnant que j'aie jamais vu, totalement dépourvu d'émotion et d'humanité. Il avait des cheveux bruns et longs, bien serrés sur le dessus de sa tête ronde. Il avait l'œil gauche rouge et infecté, ce qui n'arrangeait en rien son expression brutale et froide.

A côté de lui, était assis un deuxième personnage guère plus engageant, obèse et vêtu d'une toge sale. Il me regardait sans me voir, mais son voisin à l'œil rouge me dévorait du regard tout en engouffrant un amuse-gueule. Quand nos regards se croisèrent, il gloussa et continua de mâchouiller. Il n'était visiblement pas assez évolué pour être sadique : pour lui, ma mort n'était qu'une distraction.

Ce qui s'est passé ensuite m'apparaît dans un brouillard. J'ai entendu le verrou de la grille qui s'ouvrait, puis j'ai vu le lion qui la poussait pour sortir et se précipiter sur moi. J'essayai de me protéger en levant les bras mais le lion parut ne pas même s'en apercevoir. Il me plaqua au sol et m'y maintint, pour le plus grand plaisir de la foule qui hurlait de satisfaction.

Dans mon dernier souvenir de cette vie, les deux pattes du lion me maintenaient au sol tandis qu'il s'apprêtait à me broyer la tête de ses puissantes mâchoires. Je suppose que le prochain son aurait été celui de ses dents en train de s'enfoncer dans ma tête, mais, par bonheur, cette vie s'évanouit, et cela me fut épargné.

7e *vie :* Noble jusqu'au bout des ongles

Ma vie suivante fut enfin celle d'un aristocrate, et de nouveau dans l'Antiquité romaine.

Je me trouvais dans un splendide appartement illuminé par la lumière pâlissante de la fin du jour et par plusieurs lampes à huile qui donnaient aux murs de marbre des reflets brillants.

Vêtu d'une toge, j'étais allongé sur un divan qui avait la forme d'une chaise longue moderne. Je pense que j'avais une quarantaine d'année ; j'avais un peu de ventre et la peau douce d'un bureaucrate peu accoutumé aux durs travaux. Je me souviens bien de ce sentiment de profonde autosatisfaction que j'éprouvais à être allongé, en train de regarder mon fils. Il devait avoir environ quinze ans ; ses cheveux bouclés et bien coupés encadraient délicieusement son visage terrifié.

Il me dit : « Père, pourquoi ces gens essayent-ils d'entrer chez nous ? »

Malgré la terreur visible sur son visage, je demeurai totalement serein. Je restai allongé sur mon divan, les mains derrière la tête que je relevai pour mieux voir mon fils dans sa frayeur. « Voyons, mon fils, lui dis-je, c'est pour cela que nous avons des soldats. »

Il me répondit : « Mais, père, ils sont si nombreux ! » Il avait toujours l'air tellement paniqué que la curiosité me poussa à me lever pour voir de quoi il parlait. Je me rendis sur le balcon et je vis une poignée de soldats romains qui tentaient de repousser une foule immense et en colère.

Je me rendis compte que mon fils avait de bonnes raisons d'être aussi effrayé qu'il l'était. Je le contemplai, et le regard qu'il me renvoya me révéla que toute la peur que j'éprouvais brusquement se lisait sur mon visage.

L'expérience de cette vie s'arrêta là. D'après ce que j'avais ressenti après avoir vu la foule, je pense que, de toute façon, c'était une vie bien près de sa fin.

8e vie : La mort dans le désert

Cette nouvelle vie m'amena dans une région montagneuse, quelque part dans les déserts du Moyen-Orient. J'étais commerçant, et j'avais une maison en haut de la colline où était ma boutique.

C'était une toute petite échoppe où je vendais et achetais des bijoux. Je restais assis là toute la journée, à évaluer l'or, l'argent et les pierres précieuses. Il m'arrivait parfois de vendre des articles de métal. Je faisais également du commerce avec les caravanes qui passaient sur cette route commerciale. Mon échoppe ne payait pas de mine mais il était de notoriété publique que j'y gagnais beaucoup d'argent.

Ma maison était ma fierté. C'était une merveilleuse construction de brique rouge avec un porche orienté de telle sorte que l'air frais du soir en faisait un endroit idéal pour oublier le temps qui passe. Elle était adossée à la montagne et n'avait donc pas d'arrière-cour, mais une vue sur les montagnes au loin et les vallées où les cours d'eau donnaient à cette région désertique un sol fertile. La maison elle-même avait un grand salon au sol de pierre, avec des ouvertures en arche soutenues par des colonnes ; nous profitions ainsi de la vue et de l'air frais au moindre souffle de brise.

Je me souvenais des longues marches, si apaisantes, que je faisais avec ma femme dans les collines pour voir le soleil se coucher et le ciel rougir.

Un jour, comme je revenais à la maison, en approchant, tout me parut étrangement calme. J'entrai et je traversai les pièces l'une après l'autre, toutes silencieuses, tandis que la peur montait en moi. Puis je pénétrai dans notre chambre et je vis ma femme et trois petits enfants morts, sauvagement assassinés. Je ne suis pas sûr de la façon dont ils avaient été tués, mais compte tenu de la quantité de sang répandue, je supposais qu'ils avaient été massacrés au couteau.

D'après ce que je ressentais sous hypnose, je sais que ce fut une tragédie dont je ne me remis jamais. Je ne sais pas quand ma vie physique prit fin dans cette incarnation, mais je sais qu'après cet épouvantable événement elle n'avait plus de sens.

9ᵉ vie : Artiste en Orient

Dans cette dernière vie, je me suis retrouvé dans la peau d'un artiste chinois. D'*une* artiste, en réalité.

Dans la première scène dont je me souviens, j'étais une petite fille de six ans et j'avais un petit frère. Nos parents nous avaient emmenés admirer un magnifique paysage, comparable aux chutes de Yosemite. Il y avait des sentiers qui menaient aux spectaculaires parois de granit d'où des chutes d'eau jaillissaient. Nous regardions une cascade qui tombait en dessous de nous dans une crevasse profonde. Il y avait un garde-fou mais j'avais peur que mon petit frère tombe dans l'abîme. J'étais très inquiète pour lui et je le tenais fermement par le bras. Mes craintes d'enfant amusaient mes parents qui me regardaient et se moquaient de moi.

J'avançai jusqu'à l'âge adulte et je découvris que j'avais consacré ma vie à la peinture. Il y eut plusieurs scènes où je pus me voir en train de peindre. Dans certaines, la régression me permit de voir mon œuvre de l'intérieur, comme si j'étais dans la toile. Je voyais mes coups de pinceau et comment chacun d'entre eux avait un sens particulier par rapport à l'ensemble du tableau.

Mon atelier était bien aéré et éclairé par une grande fenêtre. A ce moment, j'avais une trentaine d'années et j'avais une silhouette un peu voûtée, peut-être à cause d'un problème de naissance ou d'une carence alimentaire.

Mes souvenirs étaient fragmentaires.

A un moment, je me suis souvenue d'être sortie pour aller dans le centre du village où je vivais et d'y avoir rencontré une vieille amie. Nous bavardions tranquillement sur le trottoir quand, soudain, au milieu de la rue, il se produisit un incroyable éclair. Nous étions toutes deux très intriguées par la nature du phénomène. C'était très brillant, comme un flash de photographe.

Comme nous étions déroutées par ce que nous avions vu, nous sommes allées voir un homme connu pour sa sagesse, un philosophe, pour lui demander l'explication de notre vision. Il n'en avait aucune et ne put que nous dire qu'un incident du même type s'était produit plusieurs années auparavant dans une autre ville.

A un autre moment, je me rendis dans une grande maison en pierre pour rendre visite à une tante assez âgée. Elle devait avoir la soixantaine et rayonnait de joie en me voyant, moi, sa nièce préférée. Ses cheveux gris étaient tirés en arrière en une seule natte. Je la voyais très nettement, debout sous le porche dans son pantalon de coton et sa chemise, me regardant et me parlant tandis que je montais l'escalier.

Ces images ne durèrent qu'un bref instant. Ensuite, je me retrouvai au moment de ma mort. J'étais tombée dans la pauvreté et je vivais dans une toute petite maison que je louais dans une allée à l'arrière de maisons beaucoup plus riches. C'était néanmoins confortable. J'avais un lit, un poêle et une fenêtre qui me donnait assez de lumière pour peindre. Pourtant, malgré le voisinage, le quartier n'était pas sûr. Je dormais, ce dernier jour de ma vie, quand un jeune homme entra et m'étrangla. Ce ne fut pas plus compliqué. Il ne me vola rien du tout, il ne voulait que la seule chose qui n'avait aucune valeur pour lui : ma vie.

Quand je mourus, je m'élevai au-dessus de mon corps sans éprouver le moindre souci pour moi, la victime. Je m'inquiétai, en revanche, pour le jeune meurtrier, qui se tenait au-dessus du corps dans une attitude prétentieuse, visiblement fier de son œuvre. J'essayai de lui demander pourquoi il m'avait fait cela. Je voulais savoir ce qui l'avait rendu malheureux au point de penser qu'il devait tuer une vieille femme.

Je lui fis signe de la main, je criai, mais il ne pouvait pas me voir. Il n'y avait aucun moyen de communiquer avec lui. Finalement, ce fut comme si je m'effaçais, disparaissant de cette vie. Pour aller où, je n'en sais rien.

C'était fini ! Neuf vies et une heure d'hypnose me laissèrent avec des idées toutes nouvelles sur ces « trucs » appelés régression dans les vies antérieures. Diana Denholm me fit revenir lentement de ma transe. De toute évidence, mon expression perplexe devait beaucoup l'amuser, car elle avait un grand sourire quand j'ouvris les yeux...

« Etonnant, n'est-ce pas ? » me dit-elle.

J'étais totalement d'accord avec elle ! Je me rendais bien compte que je m'étais trompé sur ces régressions. Les images que j'avais vues n'avaient rien à voir avec l'accomplissement de désirs. En effet, avais-je jamais désiré chasser le mammouth ou être dévoré vif par un lion pour amuser la foule ? Il était clair qu'il se passait quelque chose. Ces régressions dans des vies antérieures permettaient-elles réellement de plonger dans d'autres vies ou n'était-ce que le monde fantasmatique de notre inconscient ? « Cela dépend de ton point de vue », me dit Denholm. Mon étonnement l'amusait beaucoup. Moi aussi, en fait, mais j'étais également un peu gêné. Pendant toutes ces années, j'avais rejeté ces régressions comme un vulgaire attrape-nigauds. Maintenant que cela m'était arrivé à moi aussi, qu'allais-je faire ?

Je commençai à prendre mentalement quelques notes.

A première vue, j'estimai que ces régressions révélaient un niveau de conscience à part entière, avec ses propres caractéristiques. Ce n'était pas le niveau du rêve ni du rêve éveillé. Ces expériences se distinguaient par une sensation de familiarité. J'avais eu l'impression de me souvenir de ces vies plutôt que de les imaginer.

Pourtant, ces expériences avaient offert quelque chose que l'on ne rencontre pas dans la réalité. A plusieurs reprises, je m'étais vu depuis différents postes d'observation. Par exemple, pendant une partie de cette horrible aventure de la fosse aux lions, j'étais au-dessus de mon corps, et je me regardais agir comme n'importe quel spectateur. Mais j'étais aussi dans la fosse. Cela s'était également produit dans ma vie de constructeur de bateaux. Pendant tout un moment, je m'étais regardé en train de construire ce bateau comme si j'avais été quelqu'un d'autre. Puis, apparemment sans raison ni possibilité de contrôler la situation, j'étais rentré dans mon corps et j'avais vu mon entourage par les yeux du vieux constructeur de bateaux.

Je trouvais ce changement de perspective très mystérieux. Mais ce n'était pas tout. D'où venaient ces « visions » ? A cette époque, je ne m'intéressais pas du tout à l'Histoire. Pourtant, j'en étais là, à me balader à travers les siècles, à des époques que j'étais dans l'ensemble incapable de situer. Etait-ce réel ? Ou bien était-ce une construction de mon esprit ?

Mon expérience de médecin et de psychiatre me disait qu'il aurait été très imprudent de tirer des conclusions immédiates de cette incroyable aventure. A priori, c'était bien une preuve de la réincarnation mais, en tant que psychiatre, je suis bien placé pour savoir que l'esprit est aussi insondable que merveilleux et qu'il fonctionne à bien des niveaux différents. A un de ses niveaux les moins évidents, il peut se comporter comme un collecteur d'images et d'informations sans ordre précis, et les fragments d'information s'assemblent dans l'esprit sans raison apparente.

Assis dans ce salon de Floride, je me souvenais d'un exemple de ce type de processus. Un jour, un de mes amis psychothérapeute m'avait parlé d'une expérience de « vie antérieure ». On l'avait hypnotisé et on lui avait demandé de remonter dans le temps pour tenter de retrouver une de ses vies passées. A sa grande surprise, les images d'une autre vie surgirent dans son esprit. Il se retrouva en train de se promener parmi des habitations troglodytes dans un endroit qui lui parut situé dans le désert du sud-ouest des Etats-Unis. Il vit avec de nombreux détails très nets l'intérieur des sanctuaires circulaires des lieux les plus sacrés. Il put même décrire l'habillement des gens et quelques-uns des outils qu'ils fabriquaient pour cultiver leurs champs.

De nombreux mois plus tard, alors qu'il séjournait chez ses parents, il revit quelques vieux films familiaux datant de ses vacances d'enfant ; il se découvrit, sur la pellicule, en train de regarder les scènes mêmes qui avaient été rappelées à sa mémoire par la régression... Il avait tout simplement « pioché » dans ses souvenirs d'enfance !

Je ne pouvais pourtant pas éliminer l'hypothèse de la réincarnation sur ce seul témoignage. Outre que je ne voudrais pas déclarer que des millions d'Hindous se trompent, j'avais connaissance de nombreux cas de régressions inexplicables.

Par exemple, après une conférence, un auditeur m'avait parlé d'une régression à laquelle il avait assisté dans un Etat du Sud-Ouest. La personne hypnotisée était un peintre américain indien renommé. Pourtant, une fois sous hypnose, il commença à parler couramment... allemand ! Cela posa un problème à l'hypnotiseur qui dirigeait la régression car il ne parlait qu'anglais. Il réussit heureusement à convaincre son patient de parler anglais tout en réussissant à le faire rester dans l'époque où il était arrivé.

Il raconta qu'il était un compositeur frustré vivant quelques siècles plus tôt. Il passait ses soirées à boire dans les bars et les cafés d'une ville de Bavière, tandis qu'il occupait ses journées à composer des symphonies qui ne seraient jamais jouées. Cette régression était particulièrement étonnante par sa durée et par la richesse de détails sur la vie en Allemagne. Comme elle avait été enregistrée, on put vérifier et confirmer la parfaite correction de l'allemand parlé par l'artiste.

Après ma propre régression, je me sentais très intrigué par l'expérience de ce peintre. Est-ce que cela s'était souvent produit ? Etait-ce une preuve de la réincarnation ?

Je me sentais quelque peu déconcerté par ma régression. En réalité, je ne m'attendais pas vraiment à faire une expérience de vies antérieures. Ou, si cela devait arriver, je ne m'attendais pas à vivre quelque chose de tellement inexplicable. Si j'avais attendu quelque chose, c'était plutôt de me retrouver dans la peau de Jesse James, le hors-laloi, parce que j'avais lu une de ses biographies, ou dans celle de Jules César à cause de mes souvenirs de cinéma. Mais les neuf vies que j'avais connues sous hypnose m'avaient causé une profonde surprise. Dans l'ensemble, elles se déroulaient à des époques sur lesquelles je n'avais rien lu et rien vu. Surtout, j'étais un individu banal dans chacune d'elles, ce qui mettait par terre ma théorie que tous les gens qui plongent dans les vies antérieures se voient en Cléopâtre ou sous les traits de quelque personnage historique aussi glorieux.

Au bout de quelques jours, je dus bien admettre que l'expérience représentait maintenant un mystère total. La seule chance d'espérer soulever un coin du voile était de bâtir un projet d'étude scientifique où je disséquerais chaque expérience en essayant de dégager ses différentes composantes. J'espérais refaire avec les régressions ce que j'avais fait avec les NDEs, les décomposer en recherchant leurs éléments communs afin de les comparer les unes aux autres.

Je notai ainsi certaines des questions auxquelles j'espérais répondre grâce à cette étude :

* *Des états de santé déficients, psychiques et physiques, peuvent-ils être modifiés par les régressions thérapeutiques ?*

Les liens entre le corps et l'esprit représentent une question aujourd'hui largement débattue, mais il existe encore très peu de travaux sur les effets des régressions sur l'état de santé.

Je m'intéressais plus particulièrement à l'effet de cette thérapie sur les phobies, ces peurs inexplicables. J'avais entendu dire que les régressions permettaient souvent de découvrir l'origine des phobies et donc de les surmonter. Il était temps que je vérifie la chose par moi-même.

* *Comment peut-on expliquer ces étranges voyages ? Si l'on ne croit pas qu'ils démontrent la réalité de la réincarnation, qu'en penser ?*

A cette époque, je n'avais pas de réponse mais je commençai à dresser la liste des hypothèses. D'après l'une d'elles, l'esprit créerait ses propres mises en scène, presque comme des programmes de télévision personnels. Ces scénarios existeraient à ce niveau inconscient que Jung estimait très productif. A partir de là, je voyais ces vies antérieures plus ou moins comme les mythes personnels de chaque individu.

Je commençai des recherches pour étayer cette théorie.

* *Pourtant, comment expliquer les cas vraiment mystérieux ?*

Sans penser a priori qu'ils apportent la preuve de la réincarnation comme le font beaucoup de gens, je devais néanmoins admettre que certains des cas dont j'avais eu connaissance restaient très difficiles à expliquer.

* *Etait-il possible de retrouver ses vies antérieures sans utiliser l'hypnose ?*

Je voulais savoir si l'autohypnose pouvait être aussi efficace que l'hypnose thérapeutique.

Dans l'avion qui me ramenait chez moi, je me rendis compte que j'avais accepté d'être hypnotisé par Diana Denholm dans l'espoir d'en ramener quelques éclaircissements sur le phénomène. Les résultats étaient exactement à l'opposé de mon attente. Je me retrouvais, en fin de compte, avec toute une série de questions auxquelles je voulais trouver une réponse. Ma curiosité avait été, comme on dit, piquée ! J'étais prêt à me lancer dans l'exploration des vies antérieures.

2

Caractéristiques des régressions dans les vies antérieures

Je commençai mes recherches tout simplement dans mon entourage.

J'enseigne la psychologie à Carrollton, au Western Georgia State College. Malgré l'ambiance plutôt conservatrice de cette ville du Sud (une imposante statue en marbre représentant un soldat de la Confédération occupe un point stratégique près du centre de la ville), le département de psychologie de l'université accorde une large place à l'étude du paranormal. C'est un fait suffisamment rare pour être mentionné. La plupart des facultés de psychologie américaines s'en tiennent à l'enseignement de la psychologie classique, et donc de la thérapie cognitive. Principalement liée au behaviorisme, la thérapie cognitive se limite par définition aux types de thérapies et d'expériences que l'on peut prouver empiriquement.

L'université où j'enseigne ne fait pas abstraction de la thérapie cognitive et propose de nombreux cours qui permettent aux étudiants d'approfondir les théories les plus courantes. Mais quand William Roll créa le département de psychologie, dans les années soixante, il tint particulièrement à ce que les différents phénomènes paranormaux qui pourraient se produire puissent également être étudiés à fond. Quoique beaucoup de ces phénomènes soient induits par un état de conscience particulier et ne puissent être contrôlés ou reproduits dans des conditions de laboratoire, les pères fondateurs de ce département voulaient que les étudiants aient des connaissances sur l'inexpliqué aussi bien que sur les phénomènes reproductibles et contrôlables.

On trouve donc dans cette université des cours sur les fantômes, les expériences proches de la mort (*Near Death Experiences,* ou NDEs) et l'astrologie, en plus des cours sur l'hypnose, l'autohypnose et la thérapie chamanique moderne.

Caractéristiques des régressions

La première étape de mon étude consistait à hypnotiser autant de gens que possible en essayant de les amener à une régression dans des vies antérieures de façon à étudier les caractéristiques de l'expérience. J'avais prévu de prendre mes étudiants comme sujets d'étude. J'estimais que le repérage des traits fondamentaux de ces régressions permettrait de mieux les comprendre et de mieux les utiliser en thérapie.

En fait, je reprenais la démarche que j'avais adoptée au début des années soixante-dix avec les NDEs. En disséquant les NDEs de près de 200 personnes, j'avais pu dégager les éléments qui définissent cette expérience spirituelle. Le tableau des onze caractéristiques communes des NDEs fournit aux thérapeutes, aux médecins et aux patients eux-mêmes un guide pour comprendre cet événement perturbant.

Pour mes recherches sur les vies antérieures, il me fallait une cinquantaine de personnes qui accepteraient de servir de cobayes. Cela demandait de la disponibilité et un esprit ouvert aux expériences nouvelles. Mes sujets devaient avoir des horaires souples et accepter de dépasser les temps prévus si une régression demandait plus de temps que les autres. Toutes ces conditions faisaient de mes étudiants le groupe d'étude idéal. Je fis passer le mot dans le département de psychologie et j'eus bientôt une liste supérieure à la cinquantaine de sujets demandés, tous prêts à collaborer, enthousiastes et compétents.

J'avais prévu d'essayer plusieurs techniques de régression, en insistant sur les régressions individuelles, où je recevrais les sujets un par un dans mon bureau pour des séances d'hypnose.

Comme je ne voulais pas me limiter à une population étudiante, je fis aussi de nombreuses régressions individuelles avec des gens extérieurs à la faculté. Je voulais ainsi éliminer le risque de résultats faussés par l'utilisation exclusive d'un groupe particulier de population.

Les meilleurs résultats me semblaient devoir provenir des régressions individuelles. Les gens ont tendance à entrer dans des transes plus profondes quand ils sont seuls. Je voulais pourtant mener quelques régressions de groupe pour savoir quels seraient les résultats. Comme je m'y attendais, les vies « retrouvées » dans les groupes n'étaient pas aussi complètes ni aussi vivantes que dans les séances individuelles. En revanche, elles fournirent quelques phénomènes extrasensoriels curieux. A plusieurs occasions, un étudiant installé à une extrémité de la salle retrouva pratiquement la même vie qu'un autre étudiant, installé à l'opposé. Par exemple, une jeune femme se vit en danseuse de ballet ; elle portait un collant bleu et dansait devant un public nombreux sur une scène brillamment illuminée. L'expérience qu'elle décrivit était pratiquement la même que celle d'une autre femme, de l'autre côté de la salle.

Je voulais expérimenter une troisième technique, à partir de l'art perdu de la cristallomancie, ce que l'on connaît mieux sous le nom de « voyance dans la boule de cristal ».

Très populaire parmi les sages du Tibet et les êtres spirituellement évolués d'autres pays, la cristallomancie fut également utilisée par Elisabeth Ire d'Angleterre qui cherchait dans le cristal des conseils pour se diriger dans le bourbier des affaires du royaume. Dans cette technique, le sujet regarde dans une boule de cristal ou dans n'importe quelle surface transparente tout en entrant dans un état hypnotique.

J'utilisai la boule de cristal à la fois dans des séances de groupe et dans des séances individuelles. Elle a donné les meilleurs résultats de toutes les séances de régression, peut-être parce qu'elle donne au sujet la sensation de contrôler la situation

La régression thérapeutique

J'estimai que les cas de régression que j'avais ainsi recueillis ne suffisaient pas. Il me fallait des cas indépendants de ma recherche avec lesquels je puisse comparer mes résultats.

Je trouvai ce dont j'avais besoin dans les dossiers de plusieurs psychologues spécialistes du domaine en plein développement de la psychothérapie par régression hypnotique.

Les praticiens de cette thérapie typique du « New Age » se sont constitués en association officielle au printemps 1980. D'après Harel Denning, un spécialiste réputé de cette thérapie, cinquante-deux thérapeutes se sont alors réunis à Irvine en Californie pour créer une association dont le but est d'organiser un bureau de centralisation des informations sur la régression et la formation à cette sorte de thérapie.

L'Association for Past Life Research and Therapy (Association pour la Recherche et la Thérapie par les Vies antérieures) compte aujourd'hui plusieurs centaines de membres dans le monde entier. Elle propose un programme très actif de conférences et de séminaires, avec un bulletin de recherches semestriel et une lettre trimestrielle.

Ces thérapeutes pensent que les expériences de vies antérieures peuvent avoir un impact sur le comportement et l'apparence d'une personne. Par exemple, quelqu'un qui a peur du feu peut en avoir peur à cause d'une vie où il a été brûlé dans l'incendie de Rome tandis que Néron jouait de la musique. Quelqu'un d'autre peut avoir peur de l'avion à cause d'une autre vie où il est mort dans l'accident d'un dirigeable, comme celui du Hindenburg.

Les partisans de cette thérapie reconnaissent sans difficulté qu'ils se situent tout à fait en dehors du courant de pensée dominant en psychologie. Cela ne les empêche pas de se sentir fiers d'explorer un nouveau monde étonnant, libre des entraves de l'empirisme.

Dans le premier numéro du *Journal of Regression Therapy*, la rédactrice en chef Irene Hickman écrit :

> Les membres de l'APRT (utilisent) des méthodes qui révèlent des événements du passé — d'un passé parfois très lointain — qui sont à l'origine de troubles dans le présent, de perturbations ou de maladies. Notre propre expérience

nous a appris que, quand un patient ou un client présente une quelconque difficulté, il y a une cause, et que cette cause peut être éliminée à l'aide des méthodes de régression, traitée de façon à neutraliser ses effets et permettre le retour à la santé.

Nous savons que ni nos recherches ni nos méthodes thérapeutiques n'entrent vraiment dans le cadre scientifique. Peut-être faut-il l'imputer aux limitations de la démarche scientifique — tellement rigide qu'aucune expérimentation avec des sujets humains ne peut répondre au paradigme scientifique qui exige de pouvoir répéter exactement cette expérimentation.

Puisque aucune expérience avec des sujets humains ne peut être répétée exactement, il va peut-être devenir nécessaire pour la science de postuler un nouveau paradigme. Faute de cette ouverture, la science exclut des recherches susceptibles de révéler la véritable nature de l'esprit humain, la nature de la conscience, et de répondre à la question de la survie après la mort physique.

Nous sommes convaincus d'avoir trouvé — et de continuer à trouver — des réponses importantes pour l'espèce humaine. Nous améliorerons la compréhension, nous faciliterons le développement d'une santé plus solide, de l'harmonie, de la paix intérieure et de la créativité. Nos méthodes aident nos patients/clients à atteindre leur créativité optimale.

Il est assez surprenant de découvrir que ces thérapeutes ne croient pas nécessairement aux vies antérieures, mais seulement à la réalité de l'expérience. Ils parlent souvent des régressions comme de « fantasmes », ou bien établissent une nette distinction entre « régressions authentiques » et « états oniriques métaphoriques ».

Dans un article du *Journal,* le thérapeute Garrett Oppenheim cite le cas d'une femme qui a vécu un viol au XVIIe siècle alors qu'elle était fille de ferme. D'après le compte-rendu de la régression, elle donnait à manger aux cochons quand elle fut attaquée par quatre inconnus qui la jetèrent dans la porcherie, la frappèrent et la violèrent à plusieurs reprises. Quand ils en eurent assez, ils lui maintinrent le visage dans la boue jusqu'à ce qu'elle meure étouffée.

Après la séance, Oppenheim demanda à cette femme ce que ces régressions représentaient pour elle ; elles s'exclama : « Je n'aurai plus peur de faire l'amour avec mon mari ! »

Oppenheim poursuit en disant :

> Elle raconta au cours suivant que son mari n'appréciait pas du tout ces inepties de prétendue réincarnation. Je répondis — à son intention et à l'intention de tout le cours — en insistant fermement sur le fait qu'il n'est pas important qu'une expérience de réincarnation soit littéralement vraie ou non. J'ajoutai que seuls les résultats thérapeutiques importent. La semaine suivante, Doris annonça que son mari et elle étaient d'accord avec moi — « du fond du cœur ».

Les thérapeutes avec qui j'ai pris contact croyaient à la réalité des vies antérieures. Leur expérience personnelle de la régression et celle de leurs clients les a convaincus que la mémoire survit à la mort physique et reste profondément enfouie dans l'esprit. L'une de ces thérapeutes m'a dit : « Si vous m'en donnez l'occasion, je me fais fort de vous aider à retrouver quelque chose — même un simple fragment — de chacune de vos vies. »

D'après ses dossiers et ceux que m'ont ouvert d'autres thérapeutes, c'est ce qui a été réalisé avec plusieurs personnes.

De nombreux clients ont retrouvé plusieurs vies pendant leurs séances d'hypnose. Pour certains, cela s'est passé comme pour moi, avec des événements très vivants qui ne semblaient pas reliés à quoi que ce soit de particulier. Pour d'autres, cela s'est passé avec beaucoup plus de détails et une signification très forte par rapport à la vie présente du sujet.

Cependant, que ces expériences aient été complexes et détaillées ou, au contraire, fragmentaires et schématiques, elles présentent toutes des caractéristiques reconnaissables. L'analyse de mes dossiers et de ceux d'autres thérapeutes m'a permis d'isoler douze caractéristiques propres aux régressions dans les vies antérieures.

Je ne veux pas dire qu'une expérience de régression qui ne présente pas ces douze caractéristiques n'en est pas une. En revanche, j'affirme que l'on retrouvera au moins une partie de ces « symptômes » dans toute expérience de régression sous hypnose.

Caractéristique nº 1 : Les expériences de vies antérieures se présentent en général sous une forme visuelle

La plupart de mes sujets disent que leur expérience se compose essentiellement de perceptions sensorielles. Ce sont en général des images, mais dans quelques cas on rencontre aussi des descriptions d'odeurs ou de sons. D'après les sujets, les images sont plus fortes ou plus « réelles » que celles des rêves éveillés classiques. En outre elles ne subissent d'ordinaire pas les distorsions particulières aux images et sensations oniriques.

Les images des vies antérieures sont généralement en couleurs, comme dans le récit suivant, extrait de la régression d'une femme qui s'est retrouvée en garçon de ferme à la fin du XVIIe siècle.

> *J'étais un jeune homme de dix-huit ans, et j'étais assis à l'arrière d'un chariot, les pieds pendant à l'extérieur. J'y étais vraiment. Je voyais très bien mes pieds qui pendaient hors du chariot, aussi clairement que si cela venait tout juste de se passer.*
>
> *Plus tard, dans la même vie, je travaillais à une clôture et je vis un serpent à mes pieds aussi nettement que s'il avait été ici, sous nos yeux. Je*

m'enfuis en courant mais je tombai et je me cognai la tête contre un rocher. La douleur a été si forte que j'avais mal à la tête quand je suis sortie de ma transe et que, même après avoir été réveillée, j'étais persuadée que j'avais du sang qui me coulait sur la figure : je sentais encore le choc de ma tête contre le rocher qui m'avait fait saigner.

Ce n'est qu'un petit exemple de la façon dont les sens sont excités au cours des régressions sous hypnose.

Les expériences qui se présentent sous une forme mentale sont beaucoup plus rares. On ne s'étonnera pas de noter que ceux dont les expériences sont dépourvues d'imagerie affirment qu'ils ont une imagerie mentale très limitée dans leur vie « actuelle ». Mais il ne faut pas s'y tromper : l'absence d'images sensorielles ne rend pas l'expérience moins puissante. Les régressions qui se déroulent uniquement en pensée peuvent être aussi bouleversantes que celles qui sont composées d'images vivantes et vibrantes.

Caractéristique n° 2 : **Les vies antérieures semblent douées d'une existence autonome**

Les scènes et les événements visualisés pendant une expérience de vie antérieure semblent se présenter de leur propre chef, comme si leur apparition et leur déroulement étaient indépendants du contrôle conscient du sujet. Cela a pour conséquence que le sujet se sent très souvent dans la situation de témoin de ces événements, et non pas dans la situation d'un rêveur éveillé qui génère volontairement des images. Les sujets disent fréquemment avoir eu la sensation d'assister à la projection d'un film qui leur paraît familier.

Un bon exemple de cet aspect de la question se trouve dans ma propre régression. Quand je me suis vécu en artiste chinoise, je ne me sentais pas en train de décider au fur et à mesure ce qui arriverait dans la scène suivante ; au contraire, je me sentais comme un spectateur en train de regarder un film. Les événements se déroulaient l'un après l'autre, scène par scène. J'ai vraiment vécu cela comme si j'étais installé devant le grand écran ! Toutes les images avaient des couleurs vives et des détails complets. Je n'avais rien d'autre à faire que de rester dans mon fauteuil et d'assister au spectacle.

Caractéristique n° 3 : **L'imagerie paraît étrangement familière au sujet**

La plongée dans une vie passée donne souvent un sentiment de grande familiarité, voire de nostalgie. Ce que l'on éprouve à ce moment-là ressemble très fort à l'expérience plus banale du déjà-vu.

Ces impressions de déjà-vu ont des degrés d'intensité variables, depuis une vague impression de souvenir jusqu'à celle de se souvenir brusquement des événements en question, comme s'ils avaient été oubliés pendant longtemps puis retrouvés brusquement avec la plus grande intensité, comme dans la régression d'un client que j'appellerai Neal[1].

Neal, un Américain né en Géorgie, avait été élevé dans la religion baptiste mais retrouva curieusement une vie de moine catholique en Irlande. Il avait déjà fait plusieurs expériences de vies antérieures toutes marquées du sceau de la familiarité, mais la scène la plus vivante fut sans doute celle où, avec un autre moine, il assista du haut d'une colline au meurtre de vieux fermiers par des voleurs.

> *C'était épouvantable, mais vraiment comme si je l'avais déjà vu. Nous venions tout juste d'arriver en haut de la colline et de découvrir cette ferme à nos pieds, quand nous avons remarqué une bande de cavaliers se dirigeant vers la ferme. Le fermier et sa femme, tous deux très âgés, sortirent de la maison pour voir qui arrivait; les cavaliers se précipitèrent sur eux et les frappèrent à coups d'épée et de gourdin. Puis nous les vîmes mettre pied à terre et commencer le pillage de la ferme.*
>
> *Quand j'ai vu cette scène sous hypnose, je n'ai pas été surpris. Ce que je ressentais, c'était « oh, oui ! Je m'en souviens ». C'était terrible. Mais j'étais déjà venu à cet endroit, avant.*

---

1. Les noms des gens impliqués dans les régressions ont tous été changés.

Parfois, l'expérience provoque une sorte de mal du pays, un regret de ne plus être dans cette vie — apparemment — précédente. Le sujet peut même se sentir submergé de nostalgie pour ce monde perdu.

Un de mes patients, pendant sa régression, se trouva dans la Chine impériale et rendit visite à son maître, un vieux sage qui lui avait enseigné beaucoup de choses tout au long de cette autre vie. Maintenant, il ne pense plus qu'à refaire des régressions pour retrouver ce vieil homme !

Caractéristique n° 4 : Le sujet s'identifie avec un personnage

Une personne qui fait une régression dans les vies antérieures se voit comme l'un des personnages de la scène qui se déroule. Cette affirmation irrationnelle d'être telle ou telle personne résiste aux différences les plus profondes entre l'aspect extérieur de ce personnage et celui du sujet, entre leurs modes de vie, leurs occupations, leur sexe et une multitude d'autres facteurs.

Par exemple, un de mes étudiants rapporta avec conviction et une totale bonne foi qu'il était un marchand et qu'il vivait en Turquie il y a plusieurs siècles.

Dans une autre régression, une jeune mère de famille des Etats du Sud expliqua ce qu'elle ressentait quand elle était un guerrier africain vivant à une obscure époque primitive [1].

> *Je me retrouvai brusquement en guerrier noir ; je n'avais pour couvrir mon intimité qu'une espèce de jupe en herbe ! J'avais la peau d'un noir de jais et couverte des dessins compliqués de mes peintures de guerre qui zigzaguaient sur tout mon corps et me donnaient un air extrêmement sauvage.*
>
> *Maintenant, je comprends le but des peintures de guerre. Cela peut nous sembler naïf, aujourd'hui, mais pendant ma régression je me suis trouvée en train de regarder dans les yeux de cet homme qui m'attaquait pendant une bataille. Il avait aussi ses peintures de guerres, et ces peintures contribuaient à me terroriser ! Le but des peintures était d'accroître l'impact émotionnel du combat corps à corps !*

Ce sentiment d'identité avec le personnage de la régression peut se maintenir après le réveil du sujet. Il arrive que des personnes s'en aillent, après une régression, tout à fait convaincues d'avoir réellement été une autre personne dans une autre vie.

---

1. Les Etats-Unis du Sud étaient esclavagistes et ségrégationnistes. Cette régression ne manque donc pas de piquant. C'est un peu comme si un antisémite se retrouvait dans la peau d'un rabbin… *(N.d.T.)*

Caractéristique n° 5 : **On peut (res)sentir des émotions pendant une régression**

La plupart des sujets disent que, pendant la régression, ils ont ressenti fortement toutes les émotions de leur personnage. C'est ainsi que j'ai vraiment senti une partie (pas le tout, heureusement !) de l'abominable terreur du prisonnier au moment où un lion bondissait sur moi, à la fin de ma vie dans le Colisée.

Cette « re-vie » émotionnelle est tout à fait visible pour l'hypnotiseur qui dirige la régression. On peut voir le sujet exprimer la colère en « revivant » un événement qui rend la personne furieuse dans son autre vie. On peut aussi le voir pleurer pendant un épisode particulièrement émouvant ou triste. Toute la gamme des émotions humaines, de la tendresse à la furie, peut apparaître sur le visage des sujets au cours des régressions.

Ces émotions peuvent être si fortes qu'il est parfois nécessaire de rassurer le sujet en lui expliquant — sous hypnose — que cette expérience a été vécue il y a très longtemps, dans une autre vie, et qu'il n'y a plus aucune raison d'avoir peur ou de se désespérer.

Caractéristique n° 6 : Les sujets peuvent voir les événements en cours de deux perspectives différentes : comme sujet et comme observateur

Il arrive que le sujet vive une sorte d'ubiquité qui lui permet de (re)voir les événements depuis deux points différents, en tant que sujet, à la première personne (c'est-à-dire la perspective que nous avons tous dans notre vie courante), et en tant qu'observateur extérieur ; dans ce dernier cas, le sujet devient un observateur « désincarné » et assiste aux événements depuis un point situé à l'extérieur du corps de la personne qu'il considère comme lui-même.

Par exemple, une de mes étudiantes a décrit une scène où elle était cocher, au début du XIXe siècle en Europe. Pendant un moment, elle vit la scène avec les yeux du cocher lui-même. Tout se passait comme si elle était dans le corps de cet homme et que, du haut de son siège, elle voyait par ses yeux la route devant lui. Elle voyait les chevaux qui galopaient et pouvait même sentir le vent de la course. Puis il y eut un accident, et la voiture se renversa. Elle se retrouva alors, d'un seul coup, en train de regarder la scène d'en haut : elle voyait sous elle le corps disloqué du cocher, pris dans les débris de la voiture.

Voici un autre exemple de ce curieux phénomène, tiré d'une autre régression.

J'ai vu un homme qui marchait sur la route, vêtu d'un vêtement ample comme ceux de la Renaissance. Je me suis aperçu que je pouvais voir ce qui se passait comme si j'étais au-dessus de cet homme, mais aussi comme si j'étais lui, avec ses yeux. Je pouvais changer de perspective à volonté, presque comme dans un studio de télévision où l'on peut passer d'une caméra à l'autre pour varier les angles.

Caractéristique n° 7 : La régression reflète souvent les préoccupations du sujet dans sa vie actuelle

Dans la plupart des régressions que j'ai dirigées, les événements et les situations trahissaient les conflits et les problèmes rencontrés par le sujet dans sa vie actuelle. En général, le lien était même très évident.

Par exemple, un de mes patients était pris dans une relation difficile avec une femme plus âgée qui essayait de le dominer. La situation le laissait sans espoir.

Une fois sous hypnose, il « retrouva » une vie où il était une esclave dans une ville ancienne du Moyen-Orient.

Je me rappelle que j'étais dans un palais splendide, dans un endroit qui m'a semblé être un ensemble d'appartements où des esclaves ne ces-

saient d'entrer et de sortir, s'occupant de ces femmes merveilleuses. J'étais une de ces femmes, le troupeau enfermé. On nous gardait pour servir de concubines à quelqu'un, peut-être un sultan.

D'un certain côté, c'était formidable parce que nous avions un confort extraordinaire et que l'on satisfaisait tous nos besoins matériels. Mais, d'un autre côté, c'était le pire des enfers parce que nous n'avions aucune liberté intérieure.

Cette régression où mon patient apparaissait dans le rôle d'une femme soumise m'intriguait. Je me demandais bien pourquoi. Après quelques séances de thérapie, je finis par conclure que, pour lui, toutes les femmes subissaient une forme de soumission. Comme son amie l'avait dominé, il se vivait comme une femme.

La relation entre la vie « antérieure » de cet homme et sa vie actuelle semble donc très claire.

Or, si les similitudes apparaissent assez facilement à un observateur, il n'en va pas toujours de même pour le sujet, ce qui ne me surprend pas. Nous avons tous tellement l'habitude de nous mentir, même sur les problèmes les plus flagrants, en les reléguant dans l'inconscient.

Certains sujets n'ont pas besoin qu'on leur fasse remarquer les ressemblances entre leurs vies passées et le présent. Il est assez courant que les gens sortent de leur transe avec la pleine conscience que leur expérience de vie antérieure se rapproche étroitement de leurs problèmes actuels.

Cette tendance des souvenirs de vies antérieures à refléter le présent conduit parfois les gens à se demander si leurs difficultés actuelles ne viendraient pas de problèmes non résolus dans une autre vie.

Que la régression ressemble tant à la vie actuelle du sujet est un des aspects positifs du dossier de la thérapie par les vies antérieures. Nous reviendrons plus longuement sur ce point ; dans l'immédiat, on peut souligner que l'hypnotiseur doit être capable d'utiliser les expériences de régressions comme un éclairage particulier des troubles de son client.

Caractéristique n° 8 : La régression peut amener une amélioration de l'état psychique

La catharsis est un processus psychologique où des émotions refoulées peuvent enfin s'exprimer, ce qui entraîne un profond sentiment de soulagement. Cela permet souvent de voir sous un nouveau jour un conflit insoluble jusque-là, ou d'opérer un changement nécessaire dans une relation difficile.

On constate fréquemment ce genre de catharsis au cours des régressions, comme dans le cas de ce jeune homme qui en voulait terriblement à son petit frère qui, selon lui, accaparait ses parents, matériellement et affectivement. Au cours de sa régression, il était un vieil homme dans une tribu qui vivait dans la forêt vierge, apparemment en Amérique du Sud.

Dans cette vie primitive, il y avait une vieille femme que le sujet identifia comme étant son frère dans sa vie actuelle. La vieille femme ne ressemblait pas à son frère mais il établit le rapport par une intuition — il « sentit » que la personne de sa régression était son frère.

Dans le scénario de la vie antérieure, le vieil homme (le patient) était difforme et dépendait entièrement de la vieille femme (le frère actuel) pour sa subsistance. Elle s'était sacrifiée pour lui.

Le sujet émergea de sa régression en ressentant une affection toute neuve pour son frère. Il avait la sensation que l'équilibre était rétabli. Dans une autre vie, son frère avait généreusement porté le fardeau qu'il représentait. C'était à présent à son tour de s'occuper de son frère.

Le résultat fut que le sujet parla à son frère de ses sentiments ; ils purent ainsi rééquilibrer leur relation et la rendre plus satisfaisante.

Tous mes sujets ont trouvé dans leurs régressions un point d'intersection avec les problèmes qui empoisonnent leur vie. Ce n'était pas toujours très important mais tous ont dit : « Depuis ma régression, je comprends mieux telle ou telle chose. »

J'ai vu se produire une catharsis de ce type chez Vicky, une de mes patientes. Les parents de Vicky s'étaient séparés quand elle avait deux ans, et elle n'avait jamais connu son père. Son beau-père n'était pas sévère, mais elle refusait son autorité. Ce n'était pas son vrai père, il n'avait donc pas à se mêler de son éducation.

L'attitude de Vicky à l'égard de son beau-père se transforma après la régression, où elle se trouva dans une situation où les rôles étaient inversés. Une unique incursion dans les vies passées lui permit ainsi de mieux comprendre le point de vue de son beau-père.

> *J'étais sur la côte de l'Afrique du Nord et je me suis retrouvée en homme. J'avais la lourde tâche d'élever les enfants de mon frère parce qu'il était mort et que ses enfants n'avaient pas d'autre endroit où aller. Dans cette vie-là, j'étais très pauvre ; élever correctement tous ces enfants était donc très difficile.*
>
> *... A la fin de cette vie, j'étais un vieil homme dans une cabane de terre battue. J'étais en train de mourir, et tous ces enfants m'entouraient. Tout en me sentant mourir, je me souvenais du mal que j'avais eu à faire vivre ces enfants, et cela me mettait tellement en colère de n'avoir pas pu les connaître vraiment en tant que personnes. Je me sentais très triste de ne pas leur avoir donné plus d'attention.*

La semaine suivante, quand je revis Vicky, elle s'assit et commença à parler avec tendresse de son beau-père : « Vous savez, je commence à le voir autrement depuis que j'ai fait cette expérience. »

La régression lui fit prendre conscience que sa colère contre son beau-père était en réalité destinée à son vrai père. Elle se rendit compte, rétrospectivement, que son beau-père avait même toujours « tendu l'autre joue » quand elle lui en voulait. Elle avait été dure avec lui, mais il était toujours resté gentil et attentif à ses besoins.

L'incursion de Vicky dans les vies antérieures lui servit donc réellement à mieux comprendre ses relations familiales et à voir son beau-père sous un angle plus positif. Ce qui aurait demandé plusieurs séances dans une thérapie traditionnelle fut atteint en une seule séance de régression sous hypnose.

Caractéristique n° 9 : **Les régressions peuvent avoir un effet sur l'état de santé**

Dans quelques cas assez rares, on a constaté après une régression une amélioration radicale de symptômes physiques, ou même leur résolution spontanée. Le chapitre 3 est consacré à ce phénomène, mais je veux citer ici le cas d'une femme, Anne, qui souffrait de violentes et fréquentes migraines. Elle n'avait aucun problème organique, pas de tumeur par exemple, et avait depuis longtemps cessé de boire tout ce qui contenait de la caféine. Malgré cela, elle ne s'en tirait pas sans une forte dose quotidienne d'aspirine.

Anne vint me voir pour faire une régression sous hypnose, « juste pour savoir ce que c'est ». Je la mis sous hypnose, et elle se retrouva en train de passer un très mauvais moment dans l'Egypte ancienne. Voici ce qu'elle me raconta après sa régression.

> *Je vivais en Egypte, dans une ville attaquée par des envahisseurs venus d'un autre pays. Je les voyais foncer vers la ville, prêts à violer et piller.*
>
> *Nous étions tous terrifiés. Je voyais les gens courir tout autour de moi, poursuivis par les soldats qui les frappaient et les transperçaient de leurs armes.*
>
> *Et je me voyais aussi. J'étais une jeune femme, avec un vêtement blanc. J'essayais de toutes mes forces de m'enfuir, mais cela n'avait pas beaucoup de sens car les soldats avaient tout envahi.*
>
> *Soudain, plusieurs soldats m'attrapèrent. L'un d'eux me tint les bras, et un autre me frappa sur la tête avec une massue. La douleur était incroyable. Ils me frappèrent plusieurs fois et puis ils me laissèrent tomber. Je sentais mon cerveau qui enflait tandis que je mourais tout doucement.*

Apparemment, la douleur qu'elle décrivait avait dû être épouvantable. Je la voyais allongée sur le divan, les yeux fermés ; ses traits, sa voix, tout trahissait sa souffrance.

Le fait de parler de cette mort si violente eut un effet de catharsis. Pouvoir parler de ce qu'elle avait éprouvé à ce moment lui procura un profond soulagement émotionnel. Au fur et à mesure de la discussion, il devint clair que sa vie présente comportait de nombreuses sources de tension et de panique. En se servant de cette forte expérience de régression, Anne réussit à reconnaître de nombreuses émotions qu'elle avait refoulées.

Par la suite, nous avons fait plusieurs autres régressions. Ses migraines sont devenues moins fortes, et elle prend beaucoup moins de médicaments.

Les quelques cas de ce type que l'on connaît montrent bien la puissance de ces relations entre l'esprit et le corps qu'explorent les spécialistes de la médecine psychosomatique.

Caractéristique n° 10 : Les régressions se produisent selon leur signification et non dans l'ordre chronologique

Imaginons un sujet qui retrouverait une douzaine de « vies passées » différentes au cours de régressions réparties environ sur un an. On a toutes les chances de voir ces vies émerger en séries centrées sur un thème émotionnel ou relationnel, et non en suivant l'ordre chronologique dans lequel elles auraient été, normalement, vécues.

Par exemple, un sujet peut avoir quelques expériences centrées sur son attitude à l'égard du sexe opposé, suivies par une autre série de deux ou trois vies traitant des différentes façons de réagir aux agressions, puis une autre où apparaissent essentiellement les questions de dépendance vis-à-vis des tiers.

Apparemment, le plus important dans une « vie antérieure » n'est pas le rôle du sujet dans l'histoire qui se déroule, mais plutôt son développement psychologique et spirituel. C'est un autre des aspects de ces expériences qui en rendent possible l'utilisation en thérapie.

Caractéristique n° 11 : Les régressions dans les vies antérieures sont facilitées par la répétition de l'expérience

D'une façon générale, plus une personne essaye d'avoir une expérience de vie antérieure, plus cela lui devient facile.

Cette faculté semble aller de pair avec la répétition des tentatives, et avec la familiarisation du sujet avec le processus qui lui paraît de plus en plus « naturel ».

On peut aussi constater la résurgence temporaire d'une résistance à la transe, due à des tensions dans la vie quotidienne ou à tout autre facteur perturbant. En dépit de ces contretemps, le sujet entre en général de plus en plus facilement dans l'état nécessaire à la régression.

Caractéristique n° 12 : La plupart des vies antérieures sont banales

Un lieu commun veut que presque tous les gens qui font des régressions sous hypnose aient été Napoléon ou Cléopâtre. Or, je n'ai rencontré que très peu de sujets qui se présentent dans une vie antérieure comme un personnage historique. Bien au contraire, la plupart des vies racontées par les sujets sont banalement typiques de la période concernée.

Il est assez courant de voir arriver des gens qui s'attendent à découvrir qu'ils ont été Jeanne d'Arc ou Louis XVI dans une autre vie. A leur grande déception, ils se retrouvent en esclave ou en simple soldat.

La complaisance de l'esprit

Les caractéristiques d'un phénomène sont comme des traces de pneu sur un chemin boueux : elles permettent de savoir qu'une voiture est passée, mais elles ne disent pas forcément la marque de la voiture !

Au bout de mes recherches, je savais que je n'étais plus sceptique, mais pas à propos de quoi je ne l'étais plus. Dégager les caractéristiques ou les « symptômes » des régressions m'a permis de savoir à quoi m'attendre quand j'hypnotise un sujet, mais cela ne veut pas dire que ce qu'il voit, entend et sent est réellement arrivé.

L'esprit aime faire plaisir, et c'est pourquoi il est très perméable à la suggestion. Il suffit de lui en donner l'occasion pour qu'il comble les vides avec beaucoup d'aplomb. Et quand on lui offre ce moment de loisir orienté que représente l'hypnose, il s'occupera souvent en créant des scénarios.

Les débuts de la recherche astronautique illustrent bien ce processus. Pour simuler l'apesanteur et l'isolement qu'ils rencontreraient dans l'espace, on bandait les yeux des futurs astronautes, on les enveloppait d'un vêtement rembourré et on les faisait flotter sur des membranes de caoutchouc sur une piscine chauffée. Dans presque tous les cas, l'absence totale de sensations les faisait se sentir perdus et désorientés. Ils avaient souvent des « rêves » complètement fous qui leur semblaient venir de nulle part, comme si le cerveau se stimulait lui-même. Des recherches du même ordre, menées avec des sujets plus « terrestres », ont donné des résultats identiques.

Tout scepticisme mis à part, je m'étais rendu compte, à l'issue de ce premier travail, que l'analyse des vies antérieures offre au psychothérapeute de nouvelles voies non négligeables. J'avais dirigé une centaine de régressions hypnotiques, et il m'était devenu évident que cette méthode offrait un moyen rapide et novateur de découvrir, au moins partiellement, ce qui entrave l'épanouissement d'une personne.

Pratiquement, toutes les régressions que j'ai dirigées ont reflété un des conflits du sujet. La régression évite de passer de nombreuses heures sur le divan et permet au client de faire face à son problème dès le début de la thérapie ; il peut ainsi consacrer plus de temps à le résoudre qu'à le découvrir.

Ceux qui croient en la réincarnation disent que cette répétition des conflits intérieurs, d'une vie à l'autre, est normale car un conflit non résolu dans une vie doit se répéter jusqu'à ce qu'il soit résolu. C'est peut-être vrai. En tout cas, on ne peut pas prouver le contraire ! Personnellement, je crois que les régressions abordent les conflits antérieurs d'une façon unique et efficace, et que la valeur de cette méthode devrait apparaître même à ceux qui ne croient pas aux vies antérieures et à la réincarnation.

C'est pourquoi je n'ai pas arrêté mes recherches à ce niveau et que j'ai continué à étudier le phénomène.

UTILISATIONS DES RÉGRESSIONS

3

Le pouvoir thérapeutique des vies antérieures

A l'époque où j'ai fait mes études de médecine, on n'aurait pu soutenir que l'apparition ou la disparition d'un trouble physique dépendait de l'esprit sans se faire taxer d'hérésie. Pour le corps médical, la séparation du corps et de l'esprit était aussi évidente que celle de l'Eglise et de l'Etat.

Aujourd'hui, l'hérésie consisterait plutôt à prétendre que l'esprit n'a rien à voir dans les maladies du corps. Par exemple, des recherches menées à Harvard ont montré que plus une personne est heureuse, plus son système immunitaire est fort. On a également pu établir des relations entre les maladies cardiaques et le comportement, en particulier avec la façon dont la colère tend à resserrer les vaisseaux sanguins et à faire coaguler le sang. On a découvert que des « déclencheurs émotionnels » sont en jeu dans les problèmes respiratoires comme l'asthme, ce qui veut dire que ces problèmes apparaissent en réponse à une émotion.

Aujourd'hui, on étudie même les liens possibles entre l'état mental et l'apparition du cancer.

Compte tenu de ce qui précède, il n'est donc pas surprenant que les thérapeutes utilisant la régression hypnotique testent les effets des régressions dans les vies antérieures sur différentes maladies.

Pour savoir sur quoi ces thérapeutes exerçaient leur talent, la regrettée psychothérapeute Helen Wambach[1] avait mené une étude sur 26 thérapeutes utilisant la régression sous hypnose, qui représentaient à eux tous un total de 18463 patients. Elle a ainsi découvert que 24 de ces 26 thérapeutes opéraient des régressions par rapport à un symptôme physique. Parmi ceux-là, 18 ont signalé avoir obtenu, dans 63 p. 100 des cas, une amélioration d'au moins un symptôme physique à la suite d'une thérapie axée sur un trouble précis. Parmi ces patients, 60 p. 100 avaient constaté une amélioration après avoir revécu leur mort dans une vie passée, et 40 p. 100 après avoir revécu, dans une autre vie, une expérience traumatisante non liée à la mort.

J'ai souvent constaté l'efficacité de la thérapie par les vies antérieures dans les cas de troubles physiques et mentaux. Dans l'ensemble, on obtient les meilleurs résultats sur les troubles déclenchés par des émotions, ceux qui apparaissent en réponse

1. Voir dans la même collection : Helen Wambach, *Revivre le passé,* une enquête sur les vies antérieures. *(N.d.T.)*

à une perturbation émotionnelle. Il s'agit essentiellement de problèmes respiratoires comme l'asthme, des problèmes de peau comme les dermatites et les verrues, les ulcères, l'hypertension, les migraines et certains troubles gastro-intestinaux.

Je ne sais pas précisément pourquoi les régressions réussissent à guérir certaines maladies. Je peux seulement citer ce qu'Albert Einstein a dit, il y a bien des années : « Il est possible qu'il existe des émanations qui nous sont encore inconnues. Vous vous souvenez comme on s'est moqué des courants électriques et des “ ondes invisibles ” ? La connaissance de l'homme est encore au berceau. »

Einstein avait raison. Nous n'utilisons notre cerveau que dans une proportion limitée, pas plus de 40 p. 100 d'après certaines estimations. Les autres 60 p. 100 représentent une fonction mystérieuse de notre organe. Comme si ce mystère ne suffisait pas, on sait que chacune de nos cellules contient à peu près 100 000 gènes, et que nous ne connaissons le rôle que de quelque 200 des éléments qui constituent, selon nous, l'humanité.

Les pouvoirs de l'esprit

On trouve dans la littérature psychiatrique de nombreux exemples du pouvoir de l'esprit sur le corps. Je m'intéresse particulièrement aux gens chez qui apparaissent les stigmates, ces marques semblables aux blessures du Christ que l'on voit sur les mains et les pieds de certains chrétiens fervents. Ces marques correspondent aux blessures laissées par les clous sur le corps du Christ. On connaît même des cas où la personne s'est mise à saigner du côté où la lance du soldat romain l'a frappé, ou à saigner de la tête, là où la couronne d'épines l'a blessé.

Parmi tous les cas de stigmatisés, le plus étonnant est peut-être celui du padre Pio, un capucin de Foggia, en Italie.

En 1918, alors qu'il disait la messe, padre Pio tomba dans une sorte de transe puis s'évanouit. Les médecins présents l'examinèrent et trouvèrent des blessures aux mains, aux pieds et aux côtés.

Au début, même le Vatican resta sceptique quand le padre Pio affirma que ses blessures étaient un « acte de Dieu ». Mais les blessures ne guérirent jamais. Elles ne cessèrent de saigner, imbibant parfois plusieurs pansements par jour.

Finalement, après plusieurs années de saignement (et d'observation pour être sûr que le moine ne se blessait pas lui-même), le Vatican reconnut officiellement les stigmates du padre Pio comme étant d'origine divine. Pour beaucoup de chercheurs médecins, le cas du padre Pio est un simple cas d'accomplissement de désir, rendu possible par autohypnose.

Si l'on a démontré que certains cas de stigmates étaient de vulgaires fraudes, beaucoup ne s'expliquent que comme le résultat de la ferveur religieuse, un exemple remarquable de ce qui peut arriver quand on prend ses désirs pour la réalité.

Les stigmates me paraissent une excellente illustration des incroyables pouvoirs de l'esprit sur les fonctions physiques normales. Mais il y a d'autres exemples où l'hypnose a eu des effets profonds sur l'état physique.

On sait bien que si l'on conduit un sujet à l'état de transe profonde et qu'on lui dit qu'on lui met un objet brûlant sur la peau, la suggestion fera apparaître des cloques.

La littérature médicale relate le cas célèbre d'un enfant atteint d'ichtyose et qui a été soigné par l'hypnose. L'ichtyose est une maladie congénitale qui donne à la peau un aspect noir et écailleux. Un médecin hypnotisa l'enfant et lui suggéra que les lésions disparaissaient. C'est ce qui se passa dans les quelques jours qui suivirent la séance.

On pourrait encore citer bien d'autres exemples qui démontrent amplement que les émotions peuvent entraîner des transformations physiques surprenantes.

Le lien entre le corps et l'esprit paraît chaque jour plus solide au corps médical. Mais cela signifie-t-il que la thérapie par les vies antérieures est très en avance sur son temps, ou qu'elle est tout simplement « inimaginable » ?

A mon avis, dans le cas de certaines maladies, les régressions pourraient bien ne pas être aussi inimaginables que ça.

L'arthrite comme métaphore

Dans le *Journal of Regression Therapy,* une praticienne de la thérapie familiale, Dree Miller Dunlap, de Camarillo, en Californie, raconte comment les régressions l'ont soulagée des douleurs que lui causait son arthrite dans les épaules, les coudes, les poignets et les mains.

Dree Miller Dunlap avait décidé de faire une séance de thérapie par les vies antérieures pour découvrir la raison spécifique de son arthrite. Voici ce qu'elle a trouvé :

> *La régression commença, et je me retrouvai en homme dans l'Italie du XVIe siècle. J'étais médecin. Je m'occupais d'une petite fille (environ huit ans) qui s'était cassé le bras au niveau du coude. Il fallait remettre les os en place avant d'immobiliser le bras. Je lui tordis violemment le bras. Les os frottèrent les uns contre les autres. L'enfant poussa un hurlement; je savais que je lui avais délibérément fait mal.*
>
> *Je me sentais gêné et humilié. Je n'aimais pas penser à moi comme à quelqu'un de cruel. La gêne venait de savoir que, moi, un bon médecin qui aimait les enfants, j'avais agi avec méchanceté. J'étais très troublé par ma conduite. La régression continua, et j'appris que j'avais fait un mariage malheureux avec une femme qui ne voulait pas d'enfants et refusait toute discussion à ce sujet. Notre mariage sombrait dans la colère et l'amertume. Je*

reportais ces sentiments sur mes patients. J'avais à peu près la quarantaine quand ma femme mourut ; ce fut comme si l'on m'enlevait un énorme poids des épaules. J'étais enfin libre de vivre ma vie comme je le désirais. Cependant, j'avais depuis quelque temps de l'arthrite. Mes articulations bloquées me rendaient impossible de continuer à pratiquer la médecine. Je me retirai dans une petite maison à la campagne où je vécus tranquillement. Je passais le plus clair de mon temps dans mon jardin où je dépensais toute mon énergie.

Je devins un vieil homme et j'étais très proche d'une petite fille blonde qui vivait tout près de chez moi. Elle venait jardiner avec moi. J'aimais beaucoup cette enfant. Elle avait cinq ou six ans quand arriva l'heure de ma mort. J'étais sur mon lit, attendant la mort, et elle m'apporta un bouquet de fleurs qu'elle me donna en m'embrassant sur la joue. Elle avait l'air de savoir que j'étais en train de mourir et, apparemment, elle acceptait la mort comme quelque chose de naturel. Quand mon esprit sortit de mon corps, je la vis se précipiter vers la porte pour aller chercher quelqu'un. Quand je revis cette vie et que je la jaugeai, il m'apparut clairement que j'avais fait mauvais usage de mes connaissances. J'avais laissé la colère et l'amertume dominer ma vie. Il ne suffisait pas de m'être libéré de la plus grande partie de cette colère dans la deuxième partie de ma vie — je n'avais pas pardonné à ma femme — j'avais seulement été soulagé par sa mort.

Une deuxième vie émergea, où Dree Miller Dunlap était moine dans un monastère.

> *Au cours de la même régression, j'arrivai dans une autre vie qui avait une relation avec l'arthrite. Cette fois, j'étais un moine qui menait une vie très austère dans un monastère. Là aussi, je m'occupais d'un jardin. Je me plaignais souvent du manque d'intérêt pour leurs engagements que je sentais chez les autres moines. Je les critiquais ouvertement de ne pas montrer plus de respect envers Dieu. Ce thème de la critique semblait dominer toute ma vie. J'atteignis un grand âge, amer et seul. Les jeunes moines se moquaient de moi derrière mon dos. Plus je me plaignais, moins ils cherchaient à cacher le mépris que je leur inspirais. Je devins de plus en plus aigri, et je commençai à me plaindre à Dieu des défauts que je voyais chez les autres. Je passai les dernières années de ma vie seul, le corps tordu de douleur dans ma cellule dont l'humidité froide aggravait mon misérable état. Je mourus seul, dans de grandes souffrances, et sans laisser le moindre regret à qui que ce soit.*

Que pouvaient signifier ces vies passées par rapport au soulagement que Dree en espérait ? Les régressions lui apprirent que la colère, l'amertume, le manque d'acceptation, la rancune et le mépris de son art sont des éléments de sa vie actuelle. Par exemple, elle reconnut que la femme qu'elle avait épousée dans sa première vie antérieure était son ex-mari dans sa vie actuelle. C'était encore lui qui avait déclaré, après leur mariage, qu'il ne voulait pas d'enfants.

Voici comment Dree a commenté cette expérience :

> *J'aimerais pouvoir dire que j'ai été transformée comme par magie, guérie instantanément, et parfaitement heureuse dès le lendemain, mais je raterais alors le point essentiel de cette expérience. Mon arthrite n'a pas complètement disparu. On dirait que j'ai une crise quand je me laisse aller à la colère, à l'impatience, à l'aigreur ou à la rancune. L'apparition de la douleur est un signal qui me rappelle ce que j'ai vécu. Si j'arrête de me conduire comme je suis en train de le faire et que j'écoute le message de la douleur, elle disparaît aussitôt.*
>
> *Ai-je vraiment été médecin en Italie au* XVI*e siècle ? Ai-je vraiment été un moine avec une vie pénible et pleine d'amertume dans un monastère ? Je ne sais pas. Mais une chose est sûre, ces histoires ont profondément contribué à me faire voir ma vie comme je la vois aujourd'hui, à la vivre comme je la vis, et à reconsidérer ce que je pense de moi et des autres... J'essaye d'avancer avec un sentiment de paix, d'amour, d'être patiente, d'avoir de la compassion et de l'humilité... et d'apprendre à ne pas m'en vouloir quand je n'y arrive pas.*

Qu'il existe une relation profonde entre l'état émotionnel de Dree et ses crises d'arthrite ne me paraît faire aucun doute.

L'asthme

Dans ma pratique personnelle, j'ai eu deux clients qui ont été guéris de problèmes physiques grâce à des régressions sous hypnose.

Dans l'un des cas, il s'agit d'une femme d'une trentaine d'années, Mary, qui souffrait de graves crises d'asthme depuis sa petite enfance. Avec les années, son état s'était aggravé au point de commencer à la gêner dans ses occupations quotidiennes. Elle suivait un traitement classique, mais les médicaments ne lui apportaient qu'un soulagement temporaire.

Elle vint à la thérapie par les vies antérieures poussée par la curiosité mais aussi, il faut le reconnaître, en dernier recours.

Nous commençâmes par parler de sa vie. Elle avait fait un mariage heureux avec un professeur anglais et, de son propre aveu, n'avait que peu d'occasions de stress. C'était une femme d'intérieur qui aimait tout faire elle-même, heureuse de s'occuper de sa maison et de sa petite fille de quatre ans.

Les crises d'asthme étaient déclenchées par des situations quasi insignifiantes. Par exemple, le soir précédant notre premier rendez-vous, Mary avait eu une crise en préparant le dîner ! Le simple fait de faire quelque chose avec l'idée d'une limite de temps, même la plus vague, avait suffi à provoquer une crise.

Je la laissai s'installer aussi confortablement

que possible sur le divan et je commençai à l'hypnotiser. Elle se retrouva à Londres, à la fin du XIXe siècle, menant la vie d'une femme au foyer dans l'une de ces maisons banales, célèbres pour s'aligner en rangées toutes identiques.

Elle raconta avec bonheur comment elle s'occupait : les courses, la cuisine, le ménage, la couture. Cela semblait tout à fait normal.

Puis nous arrivâmes à la dernière heure de sa vie. Elle se vit marchant dans les rues de Londres par un jour de grand brouillard, après avoir fait des courses et acheté une robe. Il faisait froid, un de ces jours où elle s'emmitouflait si bien qu'on ne voyait plus d'elle qu'une petite partie de son visage, juste ce qui lui était nécessaire pour voir son chemin.

Peut-être n'avait-elle pas été assez prudente, dit-elle. Alors qu'elle arrivait devant sa porte, elle se mit à farfouiller dans son sac à la recherche de sa clef ; elle ne faisait pas très attention à ce qui se passait autour d'elle, à ce moment-là. Quand elle ouvrit la porte, un homme qui était derrière elle sur le trottoir la poussa dans l'entrée de la maison et claqua la porte.

Elle se débattit pour lui échapper et, comme elle décrivait sa lutte, je la voyais sur le divan haleter et se tordre dans tous les sens. Mais elle n'avait aucune chance contre son agresseur. Il prit bientôt le dessus, lui mit brusquement un coussin sur le visage et le maintint jusqu'à ce qu'elle meure étouffée.

Elle poursuivit sa régression en disant qu'elle

quittait son corps et qu'elle voyait ce qui passait en dessous d'elle, qu'elle assistait à sa mort. Quand l'assassin se fut assuré qu'elle était bien morte, il se mit à tout casser dans la maison, vidant les tiroirs et cherchant de l'argent dans les piles de linge. Quand il se rendit compte qu'il n'y en avait pas, il donna un coup de pied à son corps et prit la fuite.

Alors qu'elle se trouvait hors de son corps, elle commença à dire qu'elle éprouvait un grand sentiment de perte. Elle était très triste qu'on ait pris sa vie, surtout d'une façon aussi horrible et alors qu'elle était encore si jeune. Elle se sentait aussi le cœur brisé de ne plus rien avoir à vivre avec son jeune mari.

Cette unique séance suffit à la guérir de son asthme. Elle a la sensation d'avoir réellement vécu cette autre vie. Comme elle me le dit après la régression : « Qu'est-ce que cela pourrait être d'autre ? Et d'où cela pourrait-il venir ? » Elle pense que, puisque c'est arrivé dans le passé, cela ne devrait en aucune façon atteindre sa vie actuelle.

Maintenant, quand elle sent venir une crise, elle repense à la vie d'où cela vient : « Je me rappelle que cet homme m'a tuée dans une vie précédente, mais qu'il ne peut pas agir sur ma vie actuelle. »

L'expérience se solde donc pour Mary par une quasi-disparition des crises, et une forte réduction des doses de médicaments.

Une situation hypertendue

Mon autre patiente, Anne, souffrait d'hypertension depuis plusieurs années. Elle prenait des médicaments contre la tension et surveillait soigneusement son alimentation, mais rien n'y faisait. Elle s'en plaignait beaucoup, mais, pas plus que moi, n'avait imaginé que cela puisse avoir un lien avec une vie précédente.

Un jour, elle me demanda de faire une régression, juste « pour voir ce qu'il y avait derrière tout ça ». Nous ne cherchions pas à établir de relation avec son hypertension. S'il fallait définir ce que nous faisions, je parlerais simplement d'une récréation.

En fait de récréation, ce qui se produisit fut vraiment ahurissant.

Anne se retrouva dans une petite ville d'Egypte. Elle émergea dans cette vie le jour qui était probablement celui de sa mort. La cité était encerclée par des hordes d'ennemis inconnus. La plupart des hommes qui défendaient la ville avaient été tués, et la panique se répandait au fur et à mesure de l'avancée des envahisseurs, qui tuaient tout sur leur passage.

Après la séance, Anne me raconta ce qu'elle avait vu.

> *A la fin, c'était vraiment épouvantable. Je voyais tout autour de moi les gens qui couraient dans les*

rues alors que les soldats nous pourchassaient, frappant et tuant.

Les soldats savaient qui ils voulaient tuer en premier. Ils donnaient des coups de poing aux femmes pour les écarter de leur chemin mais sans les tuer. Ils voulaient d'abord tuer les hommes.

Ils les frappaient plusieurs fois et le sang coulait partout dans les rues. Puis ils piétinaient leurs corps à la recherche des autres hommes. Il devint bientôt clair qu'il ne restait plus que les femmes.

Dans ces scènes, j'étais une jeune femme et j'éprouvais la nécessité de m'enfuir comme une terrible tension. Pourtant, il n'y avait aucun espoir. Tous les chemins vers lesquels je me tournais étaient bloqués. Je me retrouvai en train de courir avec d'autres femmes mais nous n'avions pas d'endroit où fuir. Nous nous frayions difficilement un chemin, sans savoir où aller. Dans quelque sens que je me tournasse, il y avait toujours un nouveau groupe de soldats.

Pour finir, ils encerclèrent les femmes. Une à une, les soldats nous tirèrent de ce groupe serré. Je fus l'une des premières à être prise. Un soldat furieux me tira vers lui et, quand je résistai, il me planta un couteau dans le ventre et me laissa tomber par terre.

C'est tout ce dont je me souviens.

Ma cliente décrivait une tension visiblement terrible. Elle était là, étendue sur le divan, mais la peur transparaissait clairement sur son visage et dans sa voix. Elle se montra extrêmement frustrée en évoquant l'inutilité de ses efforts pour échapper aux meurtriers.

Je la ramenai de sa transe, et nous discutâmes des événements. Anne me dit que cela avait été très réel, que c'était « plus qu'un rêve » et qu'elle avait l'impression que c'était arrivé seulement quelques jours plus tôt.

La possibilité de parler de ces sentiments de panique lui procura un grand soulagement. Il était évident qu'elle était soulagée de se libérer des émotions « re-vécues » pendant la régression.

Au cours des séances suivantes, il fut question des origines de son sentiment de panique dans cette autre vie, en utilisant cela comme point de départ pour étudier les sources de tension dans sa vie actuelle. Bientôt, grâce à la catharsis opérée par sa régression, Anne commença à parler librement de ses relations avec son patron, un homme qui la terrorisait car il n'était jamais content de son travail. Elle s'inquiétait aussi en secret de l'évolution de sa relation avec son mari. Elle n'avait pas de problème particulier dans son couple, mais cela ne l'empêchait pas d'avoir peur que leur intimité soit détruite.

Depuis cette première expérience, nous avons refait plusieurs régressions suivies de séances de thérapie. Sa tension est meilleure, et elle a pu sérieusement diminuer sa dose de médicaments.

En général, quand on peut améliorer un problème de santé par des régressions, c'est que ce problème est d'origine psychosomatique. Est-il possible que l'expérience d'Anne n'ait été qu'une métaphore de l'inconscient pour parler de sa tendance à la panique et à réagir excessivement à la moindre provocation ? Ou bien ces événements qui semblaient naître de l'imagination se sont-ils vraiment produits, la rendant hypersensible aux situations stressantes ? Ce sont là des questions pour lesquelles je n'ai pas de réponse.

Mais je sais que maintenant, quand elle sent qu'elle perd le contrôle de la situation, Anne est capable d'utiliser son expérience de régression comme un symbole de son hypertension. D'une certaine façon, ce n'est qu'une autre façon de parler de sa maladie. Elle peut établir une relation entre ses sentiments de panique avec la vie de sa régression en se souvenant de cette mortelle poursuite : « Tout ce que je peux vivre est faible comparé à ma peur quand j'étais pourchassée. » La régression a servi à la rassurer en lui donnant un point de référence émotionnel. Quelle que soit la difficulté présente, elle sait que cela ne peut pas être pis que ce qu'elle a connu dans cette autre vie.

Une régression dans l'arrière-gorge

Une solution peu banale à un problème médical banal a été présentée par George Schwimmer dans *The Journal of Regression Therapy*. Un des étudiants de son cours d'hypnose lui suggéra que l'origine de son écoulement dans l'arrière-gorge pourrait se trouver dans une vie antérieure. Peut-être cela venait-il de « larmes intérieures » versées à cause d'une perte très douloureusement ressentie dans une autre vie.

Pour tester cette hypothèse, Schwimmer demanda à Bill Clema, chargé de cours sur les vies antérieures, de lui faire faire une régression. Voici les résultats tels que Schwimmer les rapporte lui-même.

> *Bill m'amena jusqu'à une vie précédente grâce à une suite de visualisations, et, quand j'y fus arrivé, il me demanda sur quel genre de surface je me tenais.*
>
> *Sa question me laissa complètement interloqué. A ce moment-là, je ne voyais rien mais je sentais que je me trouvais sur un sol très particulier qui cédait sous mes pieds quand je marchais, mais ce n'était pas de la boue. J'eus soudain l'impression d'une grande cuve en bois mais je me dis que c'était une idée ridicule. Bill me dit : « Bon, je pense que tu te trouves sur des grappes de raisin dans une cuve. » C'était exactement ce que j'avais vu et que j'avais refusé de lui dire.*
>
> *J'étais pieds nus en train de fouler du raisin. J'avais environ trente ans. Je ne portais rien d'autre qu'un pantalon roulé jusqu'aux genoux et j'étais dans cette cuve, quelque part dans l'Espagne du* XVIIe *siècle. Je riais et je plaisantais avec les autres vendangeurs tout en écrasant les grappes sous mes pieds nus. Bill me posa différentes questions sur ma vie là-bas, y compris si j'avais une amie. « Oh, oui ! lui répondis-je avec tendresse. Elle est très belle. » Je l'aimais beaucoup et je sentais son amour serein et solide. Soudain, mon écran intérieur s'obscurcit, et*

je ne sentis plus que de la terreur à l'état pur. Le temps s'était complètement arrêté : j'étais dans le vide absolu.

« Qu'est-ce qui se passe ? » demanda Bill. Je ne pouvais pas lui répondre — je ne voulais pas voir ou dire, ou reconnaître ce que j'avais vu dans un éclair. Il me reposa la question, mais ma gorge et ma langue refusèrent de bouger. Je pus enfin obliger ma langue à répondre, quoique je ne pusse toujours rien voir sur mon écran intérieur.

« Elle est en train de mourir », lui dis-je et, à l'intérieur de moi, je me sentais émotionnellement mort.

« Qu'est-ce qui est arrivé ? » me demanda doucement Bill.

C'était un accident, lui dis-je. Un cheval qui tirait une charrette s'était emballé et l'avait renversée. Le cheval et la charrette étaient passés sur elle, et elle était en train de mourir de blessures internes. A ce moment-là, ma vision intérieure se rétablit, et je me vis agenouillé à son chevet, ravagé de chagrin. Sa tête était à ma gauche, et sa paillasse était contre le mur en face de moi, et, par la fenêtre derrière elle, on voyait un ciel éclatant. Je la regardais respirer péniblement et je sentais la vie en train de quitter son corps. Le vide m'envahissait.

« Est-ce que tu pleures ? me demanda Bill.

— Non, lui répondis-je.

— Pourquoi ?

— Les hommes ne pleurent pas. »

J'éprouvais un chagrin épouvantable, et, quand Bill me dit que j'avais le droit de pleurer, je me mis à sangloter. Je sentais mon corps malade d'angoisse, et le chagrin surgissait de mon corps comme des vagues d'énergie qui s'écoulaient par mon thorax et ma gorge. Tout mon corps était secoué de spasmes et de sanglots qui duraient plusieurs minutes. Le génie du chagrin avait été libéré de la bouteille du self-control où je l'avais emprisonné plusieurs siècles auparavant.

Schwimmer a-t-il réellement revécu une vie précédente ? Il ne sait pas. En tout cas, le chagrin était réel, et le relâchement des émotions a eu un effet thérapeutique. Aujourd'hui, son problème d'écoulement dans l'arrière-gorge appartient presque au passé.

La puissance de l'esprit sur le corps

L'idée que la maladie puisse être causée par l'esprit est une idée neuve. Même le mot de « psychosomatique » (« lié à, ou découlant de l'interaction et de l'interdépendance des phénomènes psychiques et somatiques », d'après la définition du Webster's) est relativement récent. L'idée que l'esprit puisse déclencher des états pathologiques dans le corps ne rencontra longtemps qu'ironie dans le corps médical.

La recherche a changé tout cela. La communauté médicale admet désormais qu'il y a beaucoup de choses qu'elle ne comprend pas dans les relations entre le corps et l'esprit. On reconnaît maintenant l'existence d'une foule de phénomènes fascinants — dont certains peuvent être reproduits en laboratoire et d'autres pas.

Ces phénomènes font partie des problèmes les plus embarrassants auxquels nous, médecins, devons faire face.

Un de ces phénomènes est celui des stigmatisés, dont nous avons déjà parlé. Des gens qui possèdent une foi très forte voient brusquement apparaître sur leur corps des blessures situées au même endroit que celles reçues par le Christ au moment de la crucifixion. Ils se mettent à saigner des mains, des pieds, du côté ou du front.

On ne comprend pas comment cela peut se produire, mais le fait que cela arrive bel et bien est amplement documenté dans la littérature médicale.

Un cas récent et important s'est produit en 1974, en Californie. Une jeune fille noire — non catholique — commença spontanément à saigner des mains et des pieds après avoir lu un texte très émouvant sur la crucifixion.

Quelle est la signification des stigmates ? L'esprit peut-il décider de l'apparition de plaies ouvertes sur le corps ou même les provoquer ? Nous ne sommes sûrs de rien, mais tous ces cas nous enseignent à l'évidence que la connexion esprit/corps est bien plus complexe que nous le pensions.

Un autre phénomène très troublant est celui de la « mort par ensorcellement », l'assassinat d'une personne perpétré en lui jetant un sort. A priori, ça n'a pas deux sous de bon sens. Pourtant, ici aussi, on trouve de nombreux exemples troublants dans la littérature médicale, où des gens sont morts peu de temps après qu'on leur avait jeté un sort.

Un cas de ce genre a été publié dans une revue médicale il y a quelques années. Il s'agissait d'un homme d'âge moyen qui avait toujours été dominé par sa mère. Elle avait fait échouer ses deux premiers mariages, ne cessant de critiquer à haute voix tout ce que faisaient ses belles-filles. Mais il s'était marié une troisième fois à une femme qui agréait à sa mère, et, cette fois, il était heureux en ménage.

Les difficultés commencèrent quand il décida de vendre ses parts de l'affaire qu'il menait avec sa mère depuis de nombreuses années, pour prendre sa retraite avec sa nouvelle femme. L'idée n'était pas pour plaire à la mère. Elle lui promit que s'il vendait, il aurait de sérieux ennuis. Peu après, il tomba gravement malade.

Au cours des six mois qui suivirent, il ne sortit de l'hôpital que pour y rentrer à cause de troubles physiques dont les médecins ne pouvaient déterminer l'origine. Toutefois, ils remarquèrent que, quand il quittait l'hôpital pour rentrer chez lui, il avait le moral et se sentait très bien, mais qu'il revenait en aussi mauvais état dès qu'il avait vu sa mère.

Le jour de sa mort, il se rendit chez son médecin qui déclara par la suite qu'il l'avait trouvé de bonne humeur et en bonne santé. A 18 heures, il parla avec sa mère par téléphone. A 18 h 30, il était mort.

En reconstituant la discussion téléphonique, le médecin apprit que la mère avait dit : « Je me fiche de ce que disent les médecins ; si tu vends cette affaire, il y aura de graves conséquences physiques. » En l'occurrence, ce fut la mort.

De quels mécanismes mentaux procède une pareille suggestion ? On ne sait pas, mais le dossier des cas de morts dues à un sort est épais.

A un niveau plus scientifiquement reproductible, nous savons que l'esprit peut avoir des effets subtils sur les processus chimiques de notre corps.

Une étude récente, menée par le Dr Lee Berk de l'université de Loma Linda, a montré que la réponse du système immunitaire est améliorée de façon mesurable par le rire.

Qu'est-ce que cela veut dire ? Je pense que tous ces phénomènes démontrent que nos émotions ont un retentissement sur notre bien-être, physique aussi bien que psychique.

Dans de nombreux cas, j'ai constaté que la régression dans les vies antérieures permet d'aller directement à la racine de l'émotion. On ne devrait pas en être très surpris, en fait. De la même façon, on ne devrait pas s'étonner de voir la santé des gens s'améliorer après une expérience de régression réussie. Après tout, il n'est pas rare de voir des clients en psychothérapie classique qui surmontent des problèmes de santé après une thérapie suffisamment approfondie.

Simplement, avec la technique de la régression, on arrive souvent beaucoup plus vite au problème qui est à l'origine de la maladie.

La maladie vue à travers l'idée de la réincarnation

Parmi les thérapeutes qui utilisent les régressions, ceux qui croient à la réincarnation considèrent la maladie d'un point de vue métaphysique. Ils pensent que nous choisissons peut-être nos maladies parce qu'elles ont quelque chose de spécifique à nous apprendre, tout à fait comme nous choisissons de faire des choses désagréables dans cette vie présente parce qu'elles nous feront du bien, sur le plan psychique ou physique.

Pour eux, nous entrons dans notre vie terrestre à partir d'un autre plan de réalité. Dans cet autre plan, nous pourrions savoir que nous survivons après la mort du corps. Sachant cela, nous pourrions décider d'avoir telle ou telle maladie simplement pour connaître cette expérience précise.

Même dans la vie présente, nous traversons souvent des expériences douloureuses. Un exemple en est la confession des catholiques. Une personne à la conscience chargée peut savoir que c'est une expérience pénible à faire, mais aussi qu'elle se sentira mieux après. C'est comme la chirurgie : nous nous soumettons à une intervention chirurgicale, non par plaisir, mais parce que nous savons que nous nous sentirons mieux après.

La maladie serait ainsi un état modifié de la conscience de soi. Toute maladie implique une altération particulière de l'état de conscience du malade.

Je me sens sûr de ce que j'avance à cause d'une maladie que j'aie eue. Pendant de nombreuses années, j'ai souffert d'hypothyroïdie. Pendant toute cette période, le monde me semblait lourd, froid, opaque et profondément inerte. Le seul fait de parvenir à la fin de la journée était un effort monumental. Or, je ne me suis pleinement rendu compte de cela qu'à partir du moment où j'ai soigné ma thyroïde. Puis, soudain, un jour, le monde est devenu lumineux et chaleureux.

Ce n'est qu'après ma guérison que j'ai pu réfléchir à ce qui s'était passé ; je me suis aperçu que ma perception du monde avait été changée par la maladie.

La maladie peut entièrement modeler notre perception de la réalité. Même quelque chose d'aussi banal qu'un mal de gorge peut nous faire apparaître le monde sous un autre jour. La prochaine fois que cela vous arrive, ne manquez pas d'observer comment cette douleur lancinante occupe le premier plan de votre environnement.

Nous cherchons tous des états de conscience modifiés, même dans cette vie, par exemple dans l'extase religieuse. Il y a des gens qui se donnent un mal fou pour participer à des activités religieuses capables de leur procurer des états de conscience particuliers. Ceux qui prennent de la drogue le font eux, en général, pour modifier leur état de conscience.

Un praticien de la thérapie par la régression qui croit en la réincarnation a comparé la vie à une queue pour les montagnes russes ; quand les gens attendent pour acheter leur billet, une part d'eux-mêmes sait qu'au moment où ils seront en train de foncer à une centaine de kilomètres à l'heure, ils regretteront d'y être ! Pourtant, ils achètent leur billet parce que l'attrait du frisson est le plus fort.

La vie serait la même chose, disent les partisans de la réincarnation. Le fait que nous souffrions de certaines maladies ou de catastrophes personnelles dérive du fait que nous avons beaucoup à apprendre, à un niveau spirituel, de notre perpétuel retour dans le courant de la vie.

Le traitement des phobies : une étude

Que la régression puisse guérir des troubles classés en général comme purement physiques la projette dans le champ des troubles psychiques, telle la phobie.

La phobie est une peur excessive, illogique et le plus souvent inexplicable que le sujet éprouve face à un objet ou à une classe d'objets particuliers.

Les régressions ont permis de traiter la phobie avec succès car elles aident à amener ces peurs au premier plan, et à les expliquer consciemment.

Dans une étude sur le traitement des phobies rebelles (les sujets étaient des patients qui avaient déjà suivi des psychothérapies et avaient même parfois été hospitalisés), le Néerlandais Johannes M. Cladder a montré que 20 patients sur 25 avaient été débarrassés de leurs phobies grâce à une thérapie par les vies antérieures. Pour les patients qui avaient connu l'hospitalisation, il fallut en moyenne quinze séances pour enregistrer une amélioration, tandis que ceux qui n'avaient jamais été hospitalisés n'avaient besoin que d'une dizaine de séances pour constater un mieux notable.

Cladder conclut que la thérapie par les vies antérieures est une méthode rapide et efficace de traiter les phobies.

La peur de Sabrina

Voici un exemple qui m'a été communiqué par un thérapeute de la côte Ouest : c'est l'histoire d'une femme qui avait peur du feu.

La vie de Sabrina était empoisonnée par une telle peur du feu qu'elle ne pouvait pas gratter une allumette sans devenir hystérique. Elle était incapable de s'asseoir près d'un feu et de s'y chauffer ; elle ne pouvait pas même entrer dans un restaurant pour dîner aux chandelles sans ressentir la montée de sa phobie. Même pendant les séances de psychothérapie, elle éprouvait des difficultés à parler du feu sans que cela tourne à l'hystérie.

Sabrina arriva à la thérapie par les vies antérieures à cause d'un incident qui se produisit dans un cours d'histoire à l'université. Dans une discussion sur la religion des premiers colons américains, le professeur aborda l'épisode des sorcières de Salem. Ces procès marquent une période d'hystérie collective au cours de laquelle plusieurs femmes furent torturées et brûlées vives pour sorcellerie ; l'accusation avait été inventée de toutes pièces.

Sabrina commença à respirer très fort quand on se mit à parler des sorcières. Elle essaya de garder son sang-froid, mais elle était tellement secouée qu'elle dut quitter le cours.

Elle se rendit chez le thérapeute pour voir s'il n'y avait pas eu dans une vie précédente un événement susceptible de déclencher la réaction phobique.

Le thérapeute la mit sous hypnose et l'amena au dernier jour de sa dernière vie :

> *Je me voyais avec une clarté terrifiante. J'étais une très jeune fille, environ quatorze ans je pense, et j'étais attachée à un poteau dans un endroit dont je sais qu'il était situé en France.*
>
> *Il y avait foule autour de moi, des gens qui criaient et riaient. L'idée me vint qu'ils avaient déjà fait ce genre de choses plusieurs fois pour s'amuser.*
>
> *J'étais horrifiée. Je savais que je n'avais aucune*

chance de me détacher mais je me débattais et j'essayais de défaire mes liens.

Je savais pourquoi on me brûlait. J'avais fait une fausse couche parce que j'avais pris un médicament dont on disait qu'il avait été préparé par une femme accusée de sorcellerie. On ne m'accusait pas d'être une sorcière, mais, comme j'avais pris le médicament de cette femme, les juges de la ville pensaient que j'avais partie liée avec le diable.

Je n'avais pas l'intention de me débarrasser de mon bébé. Je leur avais dit que j'avais pris un médicament parce que j'étais malade, c'est tout.

Ils ne m'avaient pas crue, et j'étais là, prête à être brûlée vive pour quelque chose que je n'avais pas eu l'intention de faire.

Je me voyais totalement terrorisée quand ils ont allumé les fagots entassés autour de moi. Je hurlais et je suffoquais. Je sentais la chaleur de fournaise qui montait le long de mes jambes et qui commençait à me griller la peau.

Je ne suis pas morte assez vite. L'horrible souffrance de la brûlure m'a rapidement enveloppée, et mes vêtements ont commencé à brûler. Mes cheveux ont pris feu, et la fumée me brûlait les poumons comme de l'acide chaud.

Ce n'est qu'après avoir terriblement souffert que je suis morte.

Malgré les apparences, la régression de Sabrina lui a apporté un réel soulagement. Elle a maintenant l'impression qu'elle sait pourquoi elle avait ces terribles crises de terreur en présence du feu.

Elle est également délivrée des cauchemars

hystériques qui la hantaient. Elle ne recherche pas la présence du feu, sans pour autant l'éviter à tout prix. Elle peut désormais dîner aux chandelles avec plaisir. Il paraît même qu'elle s'est assise autour d'un feu de camp avec des amis !

La femme qui avait peur des hommes

La peur des hommes est plus courante qu'on ne le croit. Les femmes se détournent souvent de l'autre sexe après des relations où elles ont été maltraitées ou quand elles ont connu des difficultés telles qu'elles ne veulent plus prendre le risque d'une autre relation. Pourtant, les thérapeutes rencontrent de temps en temps une cliente comme Maria. Elle avait peur des hommes, mais, quand on lui demandait pourquoi, elle ne pouvait donner aucune raison. Elle avait simplement toujours eu peur des hommes. La psychothérapie classique avait échoué, et Maria avait décidé de se tourner vers la thérapie par les vies antérieures.

La thérapeute trouva Maria séduisante. Elle n'était pas homosexuelle et s'était même sentie plusieurs fois attirée par des hommes. Pourtant, elle avait du mal à avoir une simple conversation avec un homme sans éprouver un grave malaise. Elle avait essayé deux ou trois fois d'avoir des petits amis, mais elle s'était rendu compte qu'il lui était pratiquement impossible d'établir une relation normale avec un homme.

Elle se plaignait essentiellement de ne pouvoir leur faire confiance, même lorsqu'ils avaient l'air sympathique. Elle voulait désespérément surmonter cette méfiance excessive, au point de se lancer dans une thérapie par les vies antérieures alors qu'elle n'y croyait pas.

Au cours de plusieurs séances, la thérapeute l'amena dans de nombreuses vies passées. Dans chacune, elle avait subi gravement la violence des hommes. Elle se retrouva pour finir dans sa vie actuelle, et fit une découverte intéressante. Voici d'abord sa première expérience de régression.

Régression nº 1 : **Une justice expéditive**

J'étais dans le Far West, dans une ville où je n'étais pas très appréciée. Je dirigeais un ranch, ce que la plupart des gens de la ville estimaient être un travail d'homme. Pour tout arranger, j'étais un peu plus teigneuse que je n'aurais dû ! J'étais hargneuse et visiblement prête à mordre dès qu'on m'adressait la parole.

Je me souviens d'un jour où, arrivant en ville, j'ai remarqué que les gens qui marchaient sur les trottoirs me regardaient et murmuraient entre eux.

Sans m'en occuper, je poussai mon cheval. Puis je remarquai que plusieurs hommes se mettaient en selle et commençaient à me suivre. Puis j'entendis quelqu'un qui disait : « C'est elle qui a volé ce cheval. » Je compris alors qu'on m'accusait d'un crime que je n'avais pas commis.

Au lieu de m'arrêter et de me défendre comme j'aurais dû le faire, je décidai de m'enfuir. Ce fut une grosse erreur, parce qu'alors ils ont pensé que j'avais vraiment volé.

Ils me rejoignirent près d'une rivière et me demandèrent où j'avais caché le cheval. Au lieu de leur dire simplement que je ne l'avais pas volé, je les insultai avec arrogance en leur disant qu'ils étaient trop stupides pour trouver le véritable coupable.

C'est là que tout s'arrêta : ils me traînèrent jusqu'à la rivière et me tinrent la tête sous l'eau jusqu'à ce que je sois bien morte.

Régression n° 2 : La décapitation

J'étais vendeuse dans un magasin d'une ville de l'Europe médiévale. Nous vendions des étoffes de luxe, et les afffaires marchaient très bien grâce à la clientèle des hommes qui gouvernaient la cité.

L'un d'eux s'enticha de moi. C'était un obscur fonctionnaire de grade moyen, peut-être même qu'il travaillait pour l'Eglise. Il commença à s'intéresser à moi sur le plan sexuel. Un soir, il me demanda si j'aimerais le suivre chez lui. Je lui dis non, mais il insista. Plus je me butais, plus il se fâchait. Il dit que je regretterais de l'avoir rejeté et s'en alla enfin.

Je ne tardai pas à le regretter. Des soldats vinrent me chercher, et on me fit un procès, si on peut appeler ainsi ce qui s'est passé. Cet homme m'accusa de sorcellerie, et on me refusa le droit de répondre de ma conduite.

Je fus jugée coupable et condamnée à être décapi-

tée en place publique. C'est mon dernier souvenir de cette vie.

Régression n° 3 : La route du tabac

Je ne me souviens presque pas de cette vie et je crois que c'est préférable. J'habitais une cabane dans les bois avec plusieurs enfants et un mari minable.

Nous étions de pauvres Blancs minables. Les enfants étaient couverts de crasse, avec des vêtements usés qu'ils se repassaient de toute évidence de l'un à l'autre, au fur et à mesure qu'ils grandissaient.

Mon mari était vraiment un type horrible. Il prétendait être fermier, mais en réalité il ne faisait pas grand-chose. Il passait la plus grande partie de son temps à boire et à jouer aux cartes avec d'autres « fermiers ».

Un jour, il est parti. Pas plus compliqué que ça. Il n'était plus là, et nous n'avions plus qu'à nous débrouiller tout seuls. Je me souviens de m'être sentie horriblement découragée à l'idée de m'occuper seule de huit ou neuf enfants. Je savais qu'il faudrait peu de temps avant que nous commencions à souffrir de la faim.

Régression n° 4 : La vie présente

Au cours de sa dernière séance de régression, Maria ne se retrouva pas dans une vie passée, mais dans les premières années de sa vie actuelle.

Je me retrouvai dans mon enfance, pas dans une autre vie, mais bien dans mon enfance à moi.

Je regardai autour de moi et je me rendis compte que j'étais à l'anniversaire de mes trois ans. J'étais entourée de tous mes petits copains et copines. On nous avait mis des chapeaux, et nous mangions de la glace avec des cuillères, nous conduisant comme des enfants de cet âge.

Je remarquai que ma mère n'avait pas l'air heureuse. En fait, elle était même furieuse contre mon père. Il était soûl et n'arrêtait pas de râler contre l'inconvénient d'avoir tous ces enfants dans la maison.

Ma mère finit par exploser ! Elle se mit à crier contre mon père, et à lui dire qu'elle en avait assez de le voir ivre sans arrêt alors qu'elle essayait de maintenir un semblant de famille.

Au début, il se sentit secoué et honteux. Mais cela tourna peu à peu à la colère car il comprit qu'on l'humiliait devant tous les voisins. Il hurla après ma mère et l'insulta. Puis il se précipita dans la cuisine et revint avec un couteau de boucher !

Il donna quelques coups en direction de ma mère mais deux voisins l'agrippèrent par-derrière avant qu'il puisse blesser qui que ce soit.

Je suppose que les invités sont rapidement repartis après cette scène. Je ne me souviens pas de grand-chose d'autre, sauf que j'ai pleuré pendant longtemps parce que j'avais peur que papa tue ma maman.

Cet épisode de l'enfance de Maria était aussi profondément enfoui que les traumatismes des vies précédentes. A un niveau conscient, elle ne s'en souvenait pas plus qu'elle ne se souvenait d'avoir été noyée par une bande de brutes. Pourtant, ce sont les résultats de cette dernière régression qui ont réellement ouvert à Maria les portes du changement. Elle a retrouvé plusieurs traumatismes de son enfance et a pu affronter le fait que sa relation avec son père ne reposait pas sur l'affection mais sur la peur.

Elle a encore des difficultés dans ses relations avec les hommes, mais elle réussit au moins à se débrouiller avec eux dans les rapports de la vie quotidienne.

Enfin, d'après la thérapeute de qui je tiens ce cas, Maria continue à découvrir son mystérieux passé dans des séances de régression.

Angela et la peur de l'échec

Une autre thérapeute m'a communiqué le cas d'une femme, Angela, qui était incapable de réussir la moindre chose par peur de l'échec. Il suffisait qu'elle se lance dans un projet pour s'apercevoir, presque systématiquement, qu'elle ne pouvait en venir à bout. Qu'il s'agisse d'écrire une lettre, de redécorer sa maison, ou de chercher un nouveau travail, il n'y avait presque rien qu'elle parvînt à terminer.

Elle vivait dans la peur constante d'être critiquée. Ses difficultés avaient pris des proportions graves. Elle était hôtesse de l'air et se sentait paralysée d'angoisse à la simple idée de proposer des boissons à ses passagers après le décollage. C'est parce que ses difficultés commençaient à perturber son travail qu'elle avait décidé d'essayer une thérapie par les vies antérieures.

Angela est une jolie petite blonde, vive et enjouée. Sa vie actuelle formait un contraste aigu avec celle qui surgit dans la régression. Angela était à peine entrée en transe qu'elle se retrouva en redoutable gladiateur.

Voici comment elle a raconté son expérience :

Je me suis sentie tout de suite très virile et très forte. Je me suis regardée et j'ai découvert que je portais un lourd équipement de protection. Je tenais une épée et je faisais des mouvements avec la pointe et le plat de mon arme sous la direction d'un entraîneur qui m'expliquait comment améliorer ma technique.

J'étais dans une arène sale, en train de tuer des gens. J'étais gladiateur à Rome.

A la façon dont on me traitait, il était évident que je n'étais pas n'importe quel gladiateur. Par exemple, les combattants de moindre importance étaient entraînés en groupe. Moi, j'avais mon entraîneur personnel. Dans une autre scène, on m'amena à une table particulière pour dîner, à l'écart des gladiateurs ordinaires, et bien mieux servie.

Plus tard, je me vis comme on me conduisait par

les rues de la cité. Les gens se pressaient tout le long des rues pour m'apercevoir. Je savais que j'étais un grand champion et que le seul fait de me voir représentait beaucoup pour les gens. Je m'en sentais très fier.

Ensuite, je me suis trouvée au dernier jour de ma vie. Je me voyais d'un point extérieur à moi-même, comme si je me voyais à la télévision. J'étais par terre, sur le sol souillé de l'arène. La foule hurlait. J'avais une profonde blessure au côté et je saignais abondamment. Me dominant de tout son haut, il y avait le gladiateur qui avait fini par l'emporter sur moi. Il tenait son épée dressée vers le ciel et demandait à la foule si je devais vivre ou mourir !

La chose la plus horrible pour moi fut de comprendre que ces gens voulaient me voir mourir ! Je me rendis compte à ce moment-là qu'on ne m'aimait que pour l'amusement que je procurais au public. Pour eux, ma vie n'avait pas la moindre importance. Ils s'étaient retournés contre moi et ils réclamaient maintenant ma mort comme si je n'étais qu'un gladiateur de dernier rang !

En parlant de sa régression, Angela dit qu'elle avait ressenti sa mort comme un moment d'humiliation absolue. Elle dit que, pendant qu'il/elle mourait dans cette arène, elle avait fait le vœu de ne plus jamais se mettre publiquement dans une situation où il/elle risquerait de nouveau d'être humilié(e).

Angela fut convaincue que c'était à sa vie de gladiateur qu'elle devait sa peur du public. Dès qu'elle se trouvait en public ou même seulement qu'elle y pensait, cette peur de l'humiliation si profondément enracinée revenait à la surface, et elle se repliait sur elle-même.

D'après la thérapeute d'Angela, ce fut un des cas de transformation les plus spectaculaires qu'elle ait jamais connus. Il lui suffit de cinq séances de thérapie pour devenir quelqu'un d'autre, pratiquement libérée de toute crainte du public. Elle fut à l'origine de plusieurs innovations dans la compagnie aérienne pour laquelle elle travaillait et accepta même de faire une émission de yoga à la télévision. Elle n'a plus la sensation que quelque chose la retient. Pour elle, le monde a commencé à s'ouvrir.

Ce qui m'intéresse le plus dans ce cas, c'est que les problèmes d'échec d'Angela appartenaient à sa vie actuelle mais qu'une thérapie classique n'aurait jamais permis de découvrir que l'origine de ces problèmes se trouvait dans une vie passée (ou, du moins, dans quelque chose qui est ressenti comme une vie passée). Pour Angela, la thérapie par les vies antérieures a été l'équivalent d'un forage dans l'inconscient pour découvrir ce qui s'y cachait. Sans cette thérapie, elle aurait continuer à se débattre avec ses difficultés et n'aurait peut-être jamais trouvé le moyen de s'en dégager.

Le symbole pour le symbole

Comment se fait-il que les phobies puissent paraître soulagées par une petite histoire ? A mon avis, cela vient de ce que les phobies sont en elles-mêmes des maladies symboliques. En général, l'objet de la phobie d'une personne représente sa névrose. Il ne faut pas considérer l'objet phobique au sens littéral.

Dans cette perspective, il n'est pas étonnant que ces histoires soient générées par ce qui est, essentiellement, un « terreau » symbolique. Ces histoires de conflits, de relations, etc, que nous entendons dans les régressions pourraient être une nouvelle mise en scénario de ces problèmes symboliques, offrant au sujet une nouvelle vision de ses conflits psychologiques.

D'après les thérapeutes freudiens, si quelqu'un a peur de se trouver en pulic — ce qu'on appelle l'agoraphobie —, cela pourrait venir en place d'une autre peur, la vraie, la peur de vivre librement sa vie sexuelle. La peur de l'altitude viendrait d'un manque originel de confiance entre, par exemple, une mère et son fils.

Les régressions permettent à ces symboles de s'exprimer sous une forme dramatisée. D'une certaine façon, on peut dire que l'esprit joue un rôle, et que cela se révèle un moyen efficace d'affronter ces problèmes à plus grande échelle.

La balle magique de la dépression nerveuse

La thérapie par les vies antérieures est peut-être la plus efficace dans les cas de dépression. Personne n'en a encore déterminé la raison profonde. Pourtant, je voudrais avancer une hypothèse fondée sur les recherches déjà effectuées dans le domaine des expériences aux frontières de la mort.

Les expériences proches de la mort (*Near Death Experiences* ou NDEs) sont des événements spirituels qui arrivent à beaucoup de gens qui ont failli mourir. Par exemple, une personne qui a une crise cardiaque pourra voir, alors qu'elle a perdu connaissance, les tentatives de réanimation dont elle est l'objet, mais d'un point d'observation extérieur à elle-même. Elle peut ensuite avoir l'impression d'être aspirée dans un tunnel qui monte et la conduit dans un paysage céleste où se trouvent des êtres d'une très grande luminosité. Parfois, le sujet voit un Etre de Lumière (souvent désigné comme Dieu ou Allah) qui le fait assister à une rétrospective de toute sa vie.

Au début, on croyait que lire un texte sur les NDEs ou en avoir risquait d'aggraver la dépression chez une personne sujette à ce type de troubles — quelqu'un qui avait fait une tentative de suicide par exemple. En effet, on pensait que cet aperçu de la vie après la mort pousserait le malade à mettre fin à sa vie pour en commencer une nouvelle, si possible meilleure.

Pour vérifier cette théorie, un chercheur a demandé à un groupe de sujets qui avaient essayé de se suicider de lire des comptes-rendus des NDEs, tandis qu'un autre groupe de suicidaires était soigné selon les méthodes classiques. Or, au lieu d'aggraver le taux des récidives, la lecture des récits de NDEs l'a *abaissé*.

Pourquoi ? Les chercheurs ont constaté qu'au lieu de vouloir que leur vie s'arrête, les patients ressentaient de l'espoir et non du désespoir à l'idée que d'autres personnes pouvaient témoigner d'une vie après la mort.

Je pense que les régressions réussies ont le même genre d'effet qu'une NDE sur les gens dépressifs.

J'ai découvert que les patients dépressifs qui entreprennent une thérapie par les vies antérieures deviennent beaucoup plus positifs et optimistes. Comme l'a dit l'un d'entre eux : « L'idée que j'aie pu vivre avant et que je vivrai sans doute de nouveau signifie que je peux un peu me détendre dans cette vie, que je peux peut-être arrêter de prendre les choses tellement au sérieux. »

Beaucoup de clients dépressifs découvrent certaines des origines de leur mal dans une vie antérieure. Les explications du phénomène varient, selon l'école de pensée du thérapeute.

Pour certains, rien ne tient debout dans ces histoires de vies antérieures. En réalité, le client verrait dans les régressions des expériences qui appartiennent à sa vie présente et sont élaborées par l'esprit autour du problème à soigner.

Par exemple, une personne déprimée par son divorce peut partir de cet échec relationnel, le combiner avec des images tirées de lectures d'enfant et aboutir à une « vie antérieure », où la femme est une esclave dont le propriétaire de la plantation abuse.

Un thérapeute qui croit dans les vies antérieures dirait que le mariage s'est terminé par un divorce parce que la relation avait été ratée dans une vie précédente. Il dirait sans doute que cet échec se répétera vie après vie jusqu'à ce que le couple réussisse à s'entendre.

Et ainsi de suite, pas seulement pour les divorces, mais aussi pour d'autres difficultés psychiques et d'autres causes de dépression. Quelle est la bonne explication ? Je ne sais pas. Mais la réponse à cette question est moins importante que les résultats obtenus.

La dépression du soldat vue sous l'angle de la réincarnation

Diane Seaman, une thérapeute d'Atlanta, utilise la régression dans ses thérapies et croit à la réincarnation. Elle pense que des problèmes comme la dépression peuvent être transmis à la prochaine vie d'une personne par l'intermédiaire de la « mémoire des cellules ». Il faut que ces problèmes soient ouvertement traités pour que la personne puisse se reconstruire, dans cette vie et dans les suivantes.

Seaman cite en exemple le cas d'un patient qui avait essayé une thérapie classique pendant plusieurs mois pour se tirer d'une grave dépression. Au cours de cette thérapie, il commença à avoir l'impression d'avoir déjà vécu. Il faisait des rêves très impressionnants où il se voyait dans les tranchées de la Première Guerre mondiale.

Il ne croyait pas à la thérapie par les vies antérieures ni à la réincarnation, mais il était curieux de comprendre d'où venaient ces rêves et de savoir pourquoi il les faisait. Un ami lui parla de Diane Seaman et il accepta à contrecœur d'essayer la régression sous hypnose.

Il expliqua très clairement à Diane Seaman qu'il ne croyait pas à la réincarnation, mais la thérapeute le trouva complètement désespéré et prêt à tout pour sortir de sa dépression. Comme elle le dit elle-même : « Il était mûr pour se faire soigner. Les gens qui viennent vous voir dans un très mauvais état sont prêts à travailler pour résoudre leurs problèmes. »

Au cours de la régression, son client se trouva au cœur de l'action pendant la Première Guerre mondiale. Il était fantassin sur le front, et son campement étaient presque sans arrêt sous le feu de l'artillerie lourde et des mitrailleuses.

La guerre et la peur de mourir l'atteignaient profondément.

D'après Diane Seaman, pendant qu'il décrivait sa terrible peur, il respirait bruyamment et transpirait avec abondance. Il avait le visage déformé par la peur, la douleur et l'angoisse qu'il éprouvait en voyant les soldats se faire tuer tout autour de lui.

> *C'était horrible. De quelque côté que je me tourne, je ne pouvais éviter le spectacle de la mort. Même quand nous étions au fond des tranchées, les obus tombaient du ciel directement sur nous.*

Quand Diane Seaman me raconta cette régression, elle me dit qu'elle n'en avait jamais vu de plus forte en émotions : « Toute mon expérience de thérapeute me fait dire que personne ne pourrait faire semblant d'éprouver de pareilles émotions. Tout était authentique, l'impression qu'il donnait et les détails, et je me sentais irrésistiblement touchée. »

Diane Seaman pense que son client n'avait jamais réussi à surmonter le traumatisme de la Première Guerre à l'époque où il l'avait vécue. A présent, dans cette vie, elle l'aidait à libérer la souffrance refoulée qui s'était accumulée à travers ses différentes existences.

Est-ce que je suis d'accord avec cette analyse ? Je ne sais pas. Les preuves de la réincarnation — si tant est qu'elles existent — sont très légères. Mais cela signifie-t-il que rien de tout cela n'arrive réellement ? Certainement pas. Après tout, les scientifiques ont refusé longtemps d'admettre la réalité des NDEs et se sont inclinés quand les preuves sont devenues si nettes qu'ils ne pouvaient plus les nier.

Toutefois, en tant que psychothérapeute, il m'importe peu que ces expériences représentent réellement des vies vécues à d'autres époques par le sujet. Ce qui compte, c'est de faire reconnaître la thérapie par les vies antérieures comme un outil de psychothérapie efficace.

4

Quand les vies antérieures croisent le présent

Je connais très peu de cas où une expérience de vie antérieure ne recoupe pas d'une façon ou d'une autre un des problèmes de la vie actuelle du sujet.

Je suis persuadé que la majorité des thérapeutes utilisant les régressions sont de mon avis. La véritable différence entre eux et leurs confrères plus traditionnels commence là où les thérapeutes par les vies antérieures croient à la réincarnation et pensent que nous renaissons encore et encore, jusqu'à ce que nous ayons résolu nos problèmes.

Prenons un exemple. Je connais un couple qui avait des problèmes. La femme disait que son mari abusait d'elle sur le plan sexuel et voulait la dominer. Plus elle lui reprochait ses excès, plus il en faisait. Son besoin permanent de faire l'amour les séparait.

Ce qu'il avait à dire, lui, était très différent. Avant, elle aimait faire l'amour très souvent, disait-il. Pendant des années, cela avait presque été une relation de « sexe à la demande », où elle était une partenaire tout à fait consentante. Les choses avaient changé depuis peu. Elle était devenue capricieuse et lui résistait, refusant toutes ses avances.

La thérapie classique avait échoué, et ils voulaient à présent essayer une thérapie par les vies antérieures pour voir si cela ne leur livrerait pas la clef de leurs difficultés.

La thérapeute les fit régresser ensemble. Il en sortit l'histoire d'un grand amour qui avait mal tourné. Ils se retrouvèrent tous les deux dans une vie précédente. Elle était servante dans un château médiéval en Irlande où il était chevalier.

Elle aima le chevalier au premier regard et se donna à lui, librement et fréquemment. Pour lui, c'était une histoire un peu différente. Elle ne l'intéressait que pour le plaisir qu'elle lui donnait. Il la maintint dans l'erreur tant qu'il eut envie d'elle. Puis il décida de la « refiler » à un autre chevalier.

Elle découvrit la vérité dans des circonstances terribles.

> *Un soir, je me glissai dans sa chambre après toute une journée passée dans l'attente de ce moment. Mais, à sa place, il y avait un de ses amis. J'essayai de m'échapper mais il m'attrapa et commença à m'arracher mes vêtements. Je me débattis mais il était tellement plus fort que moi...*
>
> « *Ne t'en fais pas, me dit-il. Ton chevalier m'a dit ce que vous avez fait. On peut s'amuser tous les deux aussi bien qu'avec lui.* »

Comment la thérapeute a-t-elle interprété cette séance bouleversante ? D'après elle, ils vivaient de nouveau ensemble pour pouvoir régler ce problème dans leur nouvelle vie.

Elle leur dit qu'ils devraient évoquer souvent les résultats de la régression, et considérer la sexualité dans leur « nouvelle vie » avec tendresse et attention à l'autre, afin de ne pas répéter les blessures de leur vie passée.

Cette approche eut de bons résultats. Toutefois, j'ai eu l'occasion par la suite de parler avec ce couple et je suis parvenu à une conclusion autre.

J'ai interrogé ce couple sur sa vie à l'époque où tout marchait bien. La femme reconnut qu'ils avaient toujours eu une vie sexuelle active et dépourvue de toute inhibition. Elle aussi, elle aimait cela, me dit-elle.

Mais il y avait un problème que ni l'un ni l'autre n'avait été capable d'aborder avec la thérapeute : le mari avait envie de faire un « échange de partenaire » avec un autre couple. Quand il en avait fait part à sa femme, elle s'était effondrée. Leur relation avait immédiatement changé ; la femme ne s'intéressait plus du tout au sexe ou à l'intimité sous aucune forme, et le mari était furieux que sa femme lui refuse son plaisir.

Ils avaient été incapables de parler du vrai problème avec qui que ce soit avant cela. Pourquoi ? Parce que la régression les avait « décoincés ». Croyaient-ils vraiment avoir vécu cette autre vie dans l'Irlande du Moyen Age ? Ni l'un ni l'autre n'en était totalement convaincu, tout en pensant que c'était envisageable. Après tout, l'expérience de régression était suffisamment vivante pour être un souvenir de la vie réelle. Mais le plus important, c'était que cela leur avait donné un point de départ pour parler de leurs difficultés présentes.

Le langage de l'inconscient

Ces régressions font-elles réellement émerger des souvenirs de vies précédentes ? Je ne sais pas. On trouvera plus loin un exposé de plusieurs tentatives d'explication de l'existence de ces prétendues vies antérieures. Mais, en tant que médecin confronté aux mystères de l'esprit, l'honnêteté m'oblige à dire que je ne peux pas plus accepter que refuser les régressions comme preuves de la réincarnation.

Pour certains psychologues et psychiatres, l'esprit crée des scénarios qui aident à affronter les situations. C'est ce que je me plais à appeler le langage de l'inconscient. C'est un langage où les problèmes sont traités de façon métaphorique plutôt que directe. Pour élaborer ces métaphores, l'esprit puise à toutes les sources disponibles — des événements oubliés depuis longtemps mais dont la mémoire a gardé trace, des images vues dans des livres ou à la télévision, des conversations, et même des fantasmes « oubliés » depuis longtemps.

Placé devant un dilemme, l'inconscient crée des scénarios à partir du matériel disponible. Sous hypnose, ces scénarios deviennent des souvenirs aussi réels que celui du déjeuner de la veille.

Par exemple, les gens qui ont été victimes d'abus sexuels dans leur enfance bannissent souvent ces souvenirs de leur mémoire consciente jusqu'au jour où ils entrent dans la vie sexuelle adulte. Alors, la souffrance liée à ces traumatismes revient à la surface et perturbe leur comportement sexuel, sans pour autant émerger de l'inconscient. Ces souvenirs ne sont en général retrouvés qu'à l'aide d'une thérapie.

Une expérience d'immigration

J'ai découvert un cas de ce genre au cours de la régression de Linda. Je la fis régresser jusqu'à une vie précédente, et elle se trouva dans une famille italienne très stricte de la fin du XIXe siècle à New York. Sa mère était si effacée et avait tellement peur de son père que, dans la régression de Linda, elle apparaissait comme une servante. Elle faisait la cuisine et le ménage mais n'avait pratiquement rien à dire dans l'éducation de ses enfants.

Le père était un abominable tyran. Il était ouvrier et rentrait presque tous les soirs chez lui épuisé et odieux. Il préférait ses fils et leur laissait toute liberté. Il méprisait Linda qu'il considérait comme une traînée parce qu'elle voulait être secrétaire au lieu de rester à la maison.

Dans sa régression, Linda se vit rentrer chez elle un soir après le travail ; brusquement, elle se rendit compte qu'elle était suivie par plusieurs hommes. Tandis qu'elle racontait cela sous hypnose, la terreur la défigurait.

> *Brusquement, je me rendis compte que les hommes que j'avais croisés au carrefour précédent me suivaient. Je me mis à courir. Les rues étaient sombres, et je pensais que je pourrais les semer en me cachant dans un passage encore plus sombre. Je me trompais.*
>
> *Ils me suivirent dans le passage et ils me violèrent. L'un après l'autre, tous les cinq. Puis ils me laissèrent là, rouée de coups, en larmes.*
>
> *Je me refis une apparence aussi présentable que possible et je rentrai à la maison. Tout le monde se rendit compte immédiatement qu'il m'était arrivé quelque chose. J'étais complètement décoiffée, la figure pleine de bleus, avec des marques rouges de gifles, et je pleurais.*
>
> *Je m'assis sur une chaise et je serrai mes vêtements déchirés contre moi pour me cacher. Tandis que je sanglotais, ma mère quitta la pièce en disant qu'elle avait du travail dans la cuisine. Elle ne dit pas un mot tout le temps que je restai assise. Elle resta dans sa cuisine.*
>
> *Mon père parla pour deux. Il dit que je méritais ce qui m'était arrivé puisque j'avais voulu travailler à*

l'extérieur comme « une vulgaire traînée ». Il dit qu'il ne porterait même pas plainte contre les hommes qui m'avaient violée parce qu'il estimait qu'ils avaient bien fait.

Compte tenu de l'horreur de ce récit, je voulais voir quelle relation Linda ferait avec sa vie actuelle, si elle en voyait une. Je commençai donc une séance de thérapie classique en l'interrogeant sur sa famille et son enfance. Ce furent d'abord les questions habituelles sur sa date et son lieu de naissance, puis je me concentrai sur ses relations avec sa mère et son père.

Et bientôt, de nombreuses connexions entre sa régression et sa vie actuelle se firent jour.

Ses grands-parents, maternels et paternels, étaient des immigrants italiens qui s'étaient installés à New York dans les premières années du XXe siècle. Son grand-père était un dominateur du Vieux Monde. Il aimait se vanter de ce que, dans sa famille, les femmes restaient des femmes et les hommes, des hommes.

En allant encore plus loin, c'est une réalité très triste et sombre qui apparut. Le père de Linda avait abusé d'elle. Pendant toute son enfance, son père l'avait caressée et s'était livré à divers actes sexuels sur elle. Tout cela la terrifiait, et elle l'avait souvent supplié de ne rien lui faire. Il ne l'écoutait pas et affirmait qu'il avait le droit de faire tout ce qu'il voulait. Et sa mère n'essaya jamais d'empêcher son père de continuer ces violences, alors qu'elle était parfaitement au courant.

La régression de Linda était-elle une élaboration inconsciente à partir de sa véritable histoire — le langage de l'inconscient —, ou bien sa vie se répétait-elle jusqu'à ce qu'elle résolve son problème ? Je ne sais pas.

Quoi qu'il en soit, cette expérience de régression aida Linda à révéler des épisodes de son enfance qu'elle avait besoin de ramener au jour avant de pouvoir mener une vie normale.

L'existence sauvage de Leslie

Leslie traversait une période de graves difficultés. Elle était en plein divorce, et cela se passait très mal ; son mari lui faisait tous les ennuis possibles dans le partage des biens. De plus, elle devait sans arrêt discuter avec ses enfants, des adolescents qui ne voulaient pas que leurs parents se séparent.

Ces soucis lui avaient fait un masque de colère et de chagrin que le sourire éclairait de moins en moins souvent.

Elle vint me voir en se demandant si la thérapie par les vies antérieures pourrait l'aider à mieux comprendre ses difficultés. Le résultat de la régression l'amena très loin dans le temps, apparemment à l'aube de l'humanité.

Je me suis retrouvée au tout début de la civilisation, au milieu d'une immense forêt, avec un groupe de gens qui dansaient et chantaient. Il faisait nuit et l'objet des danses et des chants était un énorme feu. Il me parut soudain tout à fait clair que nous adorions ce feu.

Je sentais la chaleur des flammes et la transpiration qui coulait sous mes vêtements : nous dansions avec frénésie. Puis je me rendis compte que nous dansions au rythme des flammes et non pas n'importe comment.

La lumière du feu était une telle hantise pour nous qu'il semble que cela ne nous laissait pas vivre beaucoup d'autres choses. Nous mangions et nous ramassions de la nourriture, mais, la plupart du temps, nous restions silencieux. Nous ne nous sentions vraiment vivre qu'à partir du moment où le rituel du feu commençait.

A la fin de ma vie, il me vint une image effrayante. C'est quelque chose que je voyais de haut, au-dessus de l'endroit où nous vivions. Notre tribu était encerclée dans une sorte de fosse naturelle par une autre tribu qui nous surplombait. Cela faisait longtemps que nous nous battions avec ces gens, mais ils nous avaient finalement piégés dans cette vallée cachée où ils vivaient. Au lieu de nous combattre avec des pieux et des pierres, ils avaient préféré brûler la forêt autour de nous ! Ils mirent le feu, et l'incendie dévasta la fosse, enfermant toute notre tribu dans un enfer de flammes. Dans la dernière scène, je voyais le feu qui avançait à toute vitesse vers moi, je sentais la chaleur et la peur. C'est là que cette vie s'arrêta.

Je discutai avec Leslie des résultats de cette régression étonnante et pleine de vie Nous avons pu établir que, du point de vue psychologique, le feu représentait trois choses. La première et la plus évidente est la colère qu'elle ressent envers son mari et ses enfants. Elle sent cette chaleur désagréable venant des gens auxquels elle est liée.

Le feu représente aussi l'abandon. Leslie a le sentiment d'avoir été abandonnée par des gens dont elle s'est toujours occupée avec tendresse. Pendant tout le temps qu'a duré son mariage, elle dit qu'elle a toujours pris soin de sa famille et tout organisé, qu'elle a toujours écouté les récriminations de son mari contre son travail, organisé des activités de plein air pour ses enfants, fait toutes ces choses qui lui avaient valu l'étiquette de « super-femme ». Elle n'avait jamais été comme ces gens qui profitent de la vie et ne s'occupent que d'eux-mêmes.

Et maintenant qu'elle a besoin de l'aide de ceux qu'elle aime le plus, elle découvre qu'ils n'ont pas envie de s'occuper d'elle. Au contraire, ils lui rendent la vie aussi difficile que possible pour qu'elle reste dans le rôle qu'elle a toujours tenu.

Enfin, le feu représente la quête spirituelle. Comme elle a bien compris qu'elle ne peut plus se contenter du rôle de super-maman, elle est dans une recherche spirituelle pour savoir quel rôle elle va jouer maintenant.

A-t-elle réellement vécu, il y a très longtemps, cette vie primitive ? Encore une fois, je ne saurais le dire. L'expérience de la régression a été si vivante qu'elle est certaine d'avoir réellement dansé autour d'un feu pareil à un moment ou à un autre de son existence. Depuis, elle a fait d'autres régressions et elle a pu répéter l'expérience avec plus de détails.

Pour moi, la véritable force de cette régression fut son effet de catharsis. L'expérience a donné à Leslie une métaphore à laquelle raccrocher tous ses problèmes. Cela lui a permis de parler plus librement des difficultés qui lui empoisonnaient l'existence.

La liberté de Kerry

Kerry est tellement proche de sa mère que les deux femmes ont une relation pratiquement fusionnelle. Kerry a environ trente-cinq ans, vit chez sa mère et ne s'est jamais mariée.

Sa vie est écrasée de responsabilités. Le jour, elle travaille comme inspecteur d'une compagnie d'assurances, un travail qui, d'après elle, est très exigeant. Quatre soirs par semaine, elle suit des cours de droit. Tout le temps « libre » qu'elle peut encore avoir est dévoré par ses études et ses « devoirs familiaux ».

Elle trouve ces devoirs familiaux particulièrement pesants. Elle aimerait avoir un peu plus de temps à elle, pour pouvoir « vivre normalement », ce qui pour elle signifie sortir avec des amis et rencontrer des hommes. Or, sa mère exige pratiquement qu'elle ne fasse rien sans elle. « Chaque fois que j'essaye de faire quelque chose en dehors de la structure familiale, dit Kerry, ma mère me culpabilise. »

Kerry est contente de se conduire en adulte responsable qui prend soin de sa mère, mais elle aimerait avoir sa propre vie. Elle se sent tout à fait prête pour des expériences nouvelles et amusantes : « La vie est courte, et ma mère la rend encore plus courte en ne me laissant pas suffisamment de liberté. »

Sa régression l'a amenée dans une des vies les plus libres que je puisse imaginer, celle d'un marin. On remarquera à quel point elle désire la liberté dans cette régression, et aussi comment elle exprime ce qu'elle éprouve à l'égard de sa famille.

Ecoutons d'abord son récit ; ensuite, je vous ferai part d'un fait que j'ai découvert grâce à la régression et qui apporte un éclairage intéressant.

> *J'étais un homme, un marin, et je regardais la mer d'un bleu turquoise profond tandis que nous entrions dans un port. Je savais que je me moquais bien de notre cargaison : une seule chose m'intéressait, être en mer. Alors que tout le monde à bord était visiblement content de débarquer, je rêvais à mon prochain voyage et à d'autres aventures.*
>
> *Quand j'arrivai au rivage, je pus changer de perspective et je me suis vu. J'étais un petit homme musclé aux cheveux très frisés et à l'air très sérieux. J'ai pris un chemin qui menait en haut d'une colline en traversant un quartier modeste.*
>
> *En montant la rue, je pus capter très précisément ce que je pensais dans cette vie. Je pensais à mon*

père et au fait qu'il était toujours en mer, comme moi maintenant. Je me souvenais de lui avec une profonde affection et je ressentais un grand vide intérieur à l'idée de ne jamais le revoir.

Alors que je me dirigeais vers ma maison en haut de cette colline, il y avait toutes les marques d'une intense activité tout autour de moi. Les gens criaient, proposaient différentes choses à acheter, et racontaient des histoires avec force et passion. Toute cette jovialité ne me touchait pas. Je me contentais de marcher tristement vers ma maison.

Ma femme et mes enfants étaient là, mais je n'étais pas particulièrement content de les voir. Je fus frappé par l'indifférence de mon attitude envers mes enfants. Je leur parlais gentiment, mais je ne les embrassais pas, je ne les serrais pas dans mes bras. Je ne leur avais pas non plus apporté de cadeaux, alors que j'avais été en mer pendant plusieurs semaines et que j'avais visité de nombreux ports. Il était évident que mon seul amour dans cette vie était la mer.

Pour moi, la maison n'était donc qu'un endroit où habiter quand le bateau était à l'attache. Là, j'avais ma vie sexuelle et de la compagnie mais, dans l'ensemble, je n'appréciais ni ma femme ni mes enfants. Ma vie, c'était sur le bateau avec mes camarades d'équipage. Là, je devenais un homme chaleureux et vivant. A la maison, j'étais impersonnel.

Je vis que c'était une défense contre l'attachement et que, comme mon père avant moi, je voulais parcourir le monde librement.

Dans la scène suivante, je me retrouvai directe-

ment de retour sur le bateau. Ce n'était qu'un bateau de transport de marchandises mais il était merveilleusement équipé. Il y avait des sculptures et des peintures sur toutes les cloisons, tout était parfaitement propre et bien entretenu. Visiblement, ces gens aimaient leur bateau.

J'ai été incapable de vivre la moindre traversée dans cette régression. J'avais seulement le souvenir que ces navigations donnaient le sentiment de liberté le plus fort que l'on puisse connaître. Mais je ne pouvais me rappeler aucune expérience particulière dans un autre pays.

Je me suis vu vers la fin de ma vie. J'étais assis dans un fauteuil et je racontais des histoires de marin. J'avais dû être blessé car j'avais les jambes gravement abîmées et je ne pouvais pas faire grand-chose d'autre que de rester assis. Je ne sais pas ce qui était arrivé. Je suppose que j'ai dû tomber dans une des cales du bateau ou qu'une partie de la cargaison s'est écroulée sur moi.

Tout ce que je sais, c'est que le reste de ma vie s'est passé à raconter des histoires de marin.

Nous l'avons vu, Kerry est trop proche de sa mère pour se sentir bien. Après sa régression, elle a admis éprouver un ressentiment de plus en plus fort contre sa mère, une colère qui, à certains moments, la rendait presque incapable de lui parler.

Comme le marin de sa régression, Kerry n'avait plus aucun plaisir à voir sa famille. Elle était, au mieux, indifférente à l'égard de sa famille et, au pis, hostile. Par ailleurs, elle est plus à l'aise avec ses amis et ses collègues de travail qu'avec sa mère. Quand je lui ai demandé ce que la mer lui évoque, elle m'a répondu que cela représente probablement la possibilité de se libérer des chaînes imposées par une mère trop possessive.

J'étais curieux de savoir pourquoi elle s'identifiait à un homme dans cette régression. Quand je commençai à l'interroger sur ce point, elle me fournit de nouveaux éléments qui se révélèrent très utiles pour affronter ses sentiments d'hostilité et de répression.

Son père avait abandonné sa famille quand elle était encore toute petite. Pour autant qu'elle s'en souvienne, il n'avait donné que très peu d'affection à sa famille. Apparemment, il ne se souciait guère de sa femme ou de ses trois enfants. Elle avait l'impression qu'il avait utilisé la maison comme un endroit pour manger et poser son sac. En dehors de cela, ils se seraient à peine aperçus de sa présence.

Par besoin d'affection et d'identification, Kerry devint très proche de sa mère, au point d'en devenir complètement dépendante.

Kerry pensait que le départ de son père ne l'avait pas affectée. Elle comprenait enfin que, à un niveau inconscient, elle s'identifiait fortement avec lui. Dans son désir de rompre avec sa mère, elle croyait inconsciemment être devenue son père.

Identifier ce processus permit à Kerry de mener une psychothérapie à long terme. Elle vit sa régression comme une métaphore — le langage de l'inconscient. Elle ne croit pas qu'elle a vraiment déjà vécu mais que les éléments de sa vie se sont recombinés pour composer une histoire cohérente. Cette métaphore lui a permis de démêler ses sentiments fusionnels à l'égard de sa mère.

Donna ou le duel de l'égoïste

Arrivée à l'âge de soixante ans, Donna éprouve fortement le besoin d'une coupure avec ses enfants. Elle veut qu'ils partent de la maison pour pouvoir vivre la vie d'une « femme libre ».

Elle est pourtant incapable de rassembler ses forces pour dire simplement à ses enfants de s'en aller. Cela lui donne le sentiment d'être incapable de satisfaire ses propres besoins.

Pour compenser ces sentiments de nullité, Donna est devenue extrêmement arrogante avec les gens avec qui elle travaille. Elle s'est rendu compte qu'elle discute presque sur tout, comme si son identité était en jeu à chaque instant. En conséquence, ses amis se sont éloignés d'elle, et cela l'ennuie beaucoup.

Elle vint me voir en espérant qu'une régression apporterait des lueurs sur la déroute de son ego.

Voici ce qu'elle a découvert.

Je me suis retrouvée en Hollande ou en Allemagne à peu près au XVe siècle. J'étais un garçon et j'appartenais à une famille de l'aristocratie qui me donnait tout ce que je voulais.

La première chose que j'ai vue, c'est moi dans mon berceau, vêtu d'une robe blanche. Je me rendais compte que, même à cet âge, mes parents essayaient de me dominer. Ils étaient penchés sur mon berceau et cherchaient à me convaincre de ne pas pleurer.

Puis je traversai ma vie à la vitesse de l'éclair. Je visitai mon école, et je vis que je fréquentais les meilleures écoles.

A l'âge de seize ou dix-sept ans, les images se ralentirent. Je voyais que mon père était mort. Ma mère était très secouée par cet événement, mais je n'éprouvais pas de réaction particulière. Je lui ressemblais tout à fait en ce sens que je ne me souciais que de moi. Ma mère devint très calme, mais perturbée par ma réaction. Une fois de plus, elle essaya d'exercer sa volonté sur moi, voulant me rendre plus paisible et plus affectueux.

Mais il était trop tard. J'étais exactement comme mon père et je ne voyais pas un seul instant la moindre raison de changer.

Tout le reste de ma vie, je me comportai en marchand très dur en affaires. Les seuls moments où je m'occupais de ce que pensaient les autres, c'était quand ils regardaient mes marchandises. Alors, ils m'intéressaient beaucoup.

Je sais que, dans cette régression, je n'avais ni femme ni enfants. Mon seul ami était mon compte en banque.

Il y a une autre scène que j'ai vue de façon très vivante. Il y avait une altercation au sujet d'une voiture à cheval que j'avais vendue à un homme. J'étais en train de dîner avec un groupe d'associés quand il entra et m'accusa de lui avoir vendu une voiture en mauvais état. C'était ce qu'on appellerait aujourd'hui un clou.

Comme il me défiait devant mes pairs, je me sentis obligé de lui demander réparation et je le provoquai en duel.

D'une façon, j'étais obligé de me battre car il m'avait insulté. Mais, d'une autre façon, j'avais très peur car je me rendais compte que cela n'avait aucune importance, que cela n'affectait ma vie en rien qu'il pense que j'étais un escroc ou non. J'étais complètement à la merci de mon ego.

Dans la scène finale, nous étions dans un espace découvert, nos pistolets à la main. Nous nous tenions dos à dos puis nous avons commencé à faire un certain nombre de pas pour nous éloigner l'un de l'autre. Nous nous sommes retournés et nous avons fait feu.

Je me souviens très nettement du petit nuage de fumée qui sortit du pistolet de mon adversaire puis je me sentis frappé à la poitrine par un éclair de douleur aveuglant. J'ai l'impression que je suis parti très vite. Je me souviens des témoins qui se rassemblaient autour de moi sans trop savoir quoi faire. Je fermai les yeux et je m'évanouis.

Mes pensées devinrent alors très intéressantes. J'étais en train de perdre tout contact avec le monde environnant, mais mes dernières pensées furent très claires et très fortes : la façon dont tu meurs n'a aucune importance. Tout le monde doit mourir. Ce qui compte, c'est de ne plus être aussi chatouilleux sur les questions d'honneur. Ce code de l'honneur est complètement artificiel et n'a rien à voir avec l'âme.

Je trouvai très intéressant que sa régression traite la question de l'orgueil et de l'ego. L'expérience fut très forte pour Donna. Elle n'était pas certaine qu'il s'agît réellement d'une autre vie, mais elle était persuadée que c'était un message de son inconscient sur les problèmes d'ego qui pourrissaient sa vie.

Que fut le résultat de cette régression ? Elle en conclut qu'il y a peu de situations de « tout ou rien ». Cela l'a aussi aidée à aborder ses difficultés de façon moins agressive.

Ted et l'idole terrifiante

Ted vient d'une famille nombreuse où la grand-mère joue un rôle dominant. Avant sa régression, il disait que les relations entre les différents membres de sa famille étaient stables et paisibles. Les parents étaient contents que la grand-mère vive avec eux, les enfants s'entendaient bien avec les adultes, etc.

Or, la régression de Ted donnait l'impression contraire. Son expérience contient des éléments symboliques qui l'ont amené à voir les choses autrement.

Comme d'habitude, à la fin de la régression, nous en avons parlé. Les impressions de Ted sur sa vie familiale avaient considérablement changé.

Je me suis trouvé dans une civilisation des montagnes. Il y avait sur les hauteurs un temple avec une idole ; ce temple surplombait notre village. L'idole était le centre de l'univers. Aucun de nous ne savait ce qu'il y avait au-delà du village parce que nous n'avions pas le droit de nous éloigner hors de la vue de l'idole. C'était le centre d'un pouvoir inconnu. Compte tenu de la peur qu'elle nous inspirait, je suppose qu'elle tenait nos vies entre ses mains.

Quand je regardais le temple, je pensais : « Est-ce qu'elle va me détruire ou me faire du mal ? » Je savais que la peur était partie intégrante de cette société, et elle faisait régner l'ordre.

Quand je regardai autour de moi, je vis que les maisons étaient construites avec des pierres plates et très bien bâties. J'ai l'impression que chaque habitation était meublée de la même façon, avec quelques pots d'argile pour la cuisine et des tissus rugueux, primitifs.

Je me sentais différent de mes parents, mais sans aucune hostilité à leur égard. C'est avec la tribu que le lien était vital. Il y avait beaucoup d'échanges entre les gens, et pas de cloisonnements dans cette société comme il y en a dans la nôtre.

J'avais la peau très sombre et je ne portais pour tout vêtement qu'un pagne.

Il y avait des gens qui travaillaient aux champs dans la vallée en dessous du village. Ils raclaient la terre avec des houes et des râteaux primitifs ; ils cassaient les mottes pour faire des sillons où ils semaient des graines.

On avait l'impression que tout, dans cette société, était imprégné de peur. Tous les gens faisaient ce qu'ils faisaient par peur de ce qui était dans la montagne.

Je trouvais cela très étonnant, parce que l'idole n'avait jamais rien fait, à ma connaissance, pour inspirer tant de peur et de respect. Elle se contentait de rester assise à sa place, ce qui paraissait logique puisqu'elle était en pierre. Mais tout le monde abandonnait toute volonté devant elle. Si quelque chose n'allait pas, c'est que l'idole avait été offensée. Si cela se passait bien, c'est qu'elle était contente. Je n'ai jamais rien vu qu'elle ait fait, mais tout ce qui nous arrivait de bon ou de mauvais était attribué à ce morceau de pierre représentant un visage renfrogné et sculpté par nos ancêtres.

La régression m'amena ensuite à l'âge de trente ans environ, et je découvris que j'étais marié à une femme adorable. Nous avions plusieurs enfants, et je les aimais beaucoup parce qu'ils donnaient un sens à ma vie. Ils m'ont permis de me libérer de la peur. J'ai peu d'images de cette période. Il y en a une où j'étais au soleil avec ma famille et j'éprouvais une sorte de chaleur spirituelle envers eux.

J'arrivai finalement à la fin de ma vie. Je marchais au bord d'un précipice avec un animal de bât ; la bête glissa et tomba. J'essayai de dégager ma main de la corde passée autour de son cou, mais je n'y arrivai pas. Je fus précipité dans le ravin avec la bête et je mourus.

Cette régression changea ce que Ted avait à dire à propos de sa famille.

L'idole, me dit-il, lui rappelait sa grand-mère. Elle était très douce la plupart du temps mais dirigeait la famille comme une espèce de matriarche bourrue.

Elle donnait toujours son avis sur tout, qu'on le lui demande ou pas. Elle parlait doucement, me dit Ted, mais avec tant d'autorité qu'on ne pouvait qu'obéir. Si, le matin, il n'écoutait pas ses remarques, elle les répétait chaque fois qu'elle le croisait jusqu'à ce qu'il en tienne compte.

La thérapie l'amena à reconnaître que sa famille était trop repliée sur elle-même pour qu'il se sente à l'aise et qu'il n'avait pas pu s'affirmer en tant qu'individu. La régression avait fourni une parfaite métaphore de son histoire familiale. Si ses frères et ses sœurs ne cherchaient pas à lui imposer leur volonté, ses parents et sa grand-mère essayaient de diriger sa vie. De quelque côté qu'il se tournât, on contrôlait ses actes.

Dans le cas de Ted, la régression a agi comme un moyen d'exprimer ses véritables sentiments sur sa famille. Cela a permis d'éviter plusieurs séances de psychothérapie et l'a aidé à acquérir la liberté d'expression qu'il désirait.

Le merveilleux instrument de Victor

Les parents de Victor avaient divorcé alors qu'il était encore petit. Depuis l'âge de douze ans, il n'avait vu son père que deux fois, mais il le décrivait comme un homme qui vivait en permanence une crise du style « crise de la quarantaine ». Son père ne s'intéressait qu'à lui-même et ne se sentait pas vraiment concerné par la vie de son fils. Victor souligna qu'il n'avait même pas la décence d'aider à payer sa scolarité. Sa mère ne valait pas mieux. Dépressive et nerveuse, elle ne s'occupait guère de son fils, son seul enfant. Au contraire, elle faisait tout pour le culpabiliser s'il lui demandait le moindre réconfort moral.

Je le mis sous hypnose, et il se retrouva dans une grande ville. La première chose qu'il dit, étonné, fut : « Où peut bien se trouver cet endroit ? » Par la suite, il lui sembla que ce devait être en Arabie parce qu'il faisait très chaud et que les gens portaient d'amples robes blanches avec le turban que l'on peut voir dans les déserts du Moyen-Orient.

> *J'étais à l'université. J'avais une vingtaine d'années. Mes parents m'ont payé les meilleures études et les plus chères. Ils sont riches et ont beaucoup de respect pour les études. Ils m'ont poussé à m'instruire, et j'ai accepté avec joie le rôle qu'ils m'avaient choisi.*
>
> *Je voyais un objet, mon bien le plus précieux. Il était d'un métal brillant, avec la forme d'un cadran solaire que l'on peut tenir dans la main. Il avait environ cinquante centimètres de diamètre et était richement incrusté de pierres précieuses. Je tenais cet instrument d'un de mes professeurs. Il représentait un étonnant travail scientifique car il pouvait donner les dates des fêtes religieuses en alignant des points de coordonnées avec la position du soleil et des étoiles.*

J'étais surpris par l'attitude des gens avec qui je travaillais dans cette institution. Pour eux, tout devait être subordonné à la religion. Mais j'étudiais la logique et la science et je pensais que le travail de cette université aurait dû être essentiellement tourné vers la science pure.

J'ai pu revenir en arrière dans cette vie et j'ai vu des scènes de ma petite enfance. Nous habitions dans un endroit tellement beau qu'on pourrait l'appeler un palais. Il y avait de grandes pelouses avec des jardins très bien entretenus. Je voyais mes frères et sœurs et je courais dans ces jardins en jouant à chat avec eux comme tous les enfants.

De là, j'allai à un point où j'avais à peine vingt ans. C'était un moment important de ma vie. J'entendais des voix et je pensais que le prophète Mahomet me parlait.

Je décidai d'aller faire un tour pour découvrir ce qu'il y avait au-delà de la ville. Je me retrouvai loin de chez moi dans une région de montagnes. Tout y était magnifiquement vert mais quand même très dépaysant pour quelqu'un comme moi qui était habitué aux déserts d'Arabie. C'est dans ces montagnes boisées que je suis mort.

La mort me surprit sur un chemin solitaire. Au détour d'un tournant, je me trouvai face à face avec une bande d'hommes vêtus de cuir. Leurs vêtements les couvraient de la tête aux pieds comme des vêtements de protection. Ils étaient plus blancs que moi, et, à leur allure rude et arrogante, je conclus que c'était des soldats.

Ils me bousculèrent et se précipitèrent sur mes

biens, éventrant tous les bagages que portait ma bête de bât. Dans l'un des paquets, ils trouvèrent mon instrument sacré. Cela leur plut, et ils commencèrent à l'examiner, le secouant dans tous les sens. Quand ils virent mon expression angoissée, ils commencèrent à le jeter en l'air, de plus en plus haut. L'un d'entre eux finit par se saisir de l'instrument et le jeta violemment au sol où il s'écrasa. Puis ils devinrent très brutaux car je les insultais à cause de la perte que représentait la destruction de mon instrument.

C'est alors que l'un d'eux me frappa à la tête avec son arme. C'etait une massue en bois qui avait la forme d'une batte de base-ball avec une poignée. Il me frappa une seule fois, et je m'écroulai. Du sol, je le regardai, je le vis lever à nouveau son arme, et je mourus sur cette route de montagne.

Victor était intrigué. L'Arabie ? Des parents riches ? Un instrument « magique » ? Parler avec un prophète ? A priori, cela n'avait pas de sens. Puis nous commençâmes à parler de cette régression.

Il devint évident que, sans père pour lui servir de modèle, Victor se sentait désorienté. Nous conclûmes que l'instrument scientifique et religieux symbolisait l'orientation, ce « père-boussole », qui avait toujours manqué à sa vie.

Si Victor n'avait pas été sous hypnose, j'aurais diagnostiqué le fait d'entendre la voix de Mahomet comme un cas de schizophrénie paranoïde. L'audition de voix que l'on ne comprend pas est en général un symptôme de ce genre de trouble.

Or, comme il se trouvait sous hypnose, on

pouvait penser que la voix du prophète symbolisait le besoin d'entendre clairement celle de son père.

Dans l'ensemble, j'estimais que l'expérience de mon client symbolisait son désir de trouver un guide spirituel.

Je lui recommandai de commencer une recherche spirituelle en lisant beaucoup et en « essayant » différentes Eglises.

Le prêtre insensible

David est un ancien marine qui n'a pas reçu d'éducation religieuse particulière. Il se présente lui-même comme vaguement protestant et issu d'une famille de la Caroline du Nord où l'on ne montrait jamais ses émotions. Il ne plaisante qu'à moitié quand il dit : « La seule façon d'amener mes parents à avoir une réaction émotionnelle, c'était de se casser une jambe. Alors, ils m'auraient très vite conduit à l'hôpital ! »

Il passa quatre ans dans les marines puis revint à la vie civile pour travailler dans l'immobilier à Atlanta. Il reconnaît qu'il a été très perturbé par le manque de sensibilité, d'affection et de soutien spirituel de sa famille. Ces facteurs reviennent tout au long de sa régression.

Je vis une très élégante embarcation en bois, longue et large, avec des extrémités effilées.

Dedans, il y avait un homme qui portait une

coiffure très brillante et une longue robe blanche. Cet homme était une espèce de personnage sacré et, compte tenu de ce que j'éprouve en le regardant, je peux dire que c'est moi.

Il y avait quatre hommes avec moi, en train de ramer. Nous traversions une étendue d'eau très claire ; je reconnus un lagon. Je regardais autour de moi et je vis des centaines de gens groupés sur le rivage et qui nous regardaient avancer sur l'eau.

Je sortis mes mains de dessous ma robe et je jetai quelques feuilles et des copeaux de bois dans l'eau. Je suppose que c'était un acte à signification religieuse parce que cela rendit les gens complètement fous.

A l'arrière du bateau, il y avait un homme ramassé dans une attitude de défense, aussi effrayé que si quelqu'un allait le frapper.

Il avait les mains et les pieds si étroitement ligotés que la peau était blanche à l'endroit où les liens le serraient. Je n'éprouvais aucune pitié parce que, pour moi, c'était la loi, rien d'autre ; c'était comme ça que la cérémonie religieuse devait être accomplie.

Je me rendis à l'arrière du canot, je soulevai l'homme par les épaules et je le jetai dans la mer. La foule sur le rivage se mit à hurler. L'homme se débattit pendant quelques instants puis l'eau commença à bouillonner tout autour de lui à cause de l'activité de petits poissons qui le mangeaient ! Sur le rivage, l'excitation était presque devenue du délire. Mais je ne sentais rien, comme si j'avais été hébété.

A ce moment, je revins dans mon enfance. J'étais petit garçon, dans une maison construite sur une plate-forme dans la jungle. Mon père était prêtre. Je me sentais très perplexe sur ce que mon père faisait pour gagner sa vie. Je ne savais pas exactement à quoi il occupait ses journées ni pourquoi il restait assis sans bouger pendant des heures à contempler une statue religieuse.

J'avançai dans le temps, jusqu'à une autre scène d'enfance. J'étais dans une pièce enfumée avec plusieurs garçons de mon âge. En face de nous, il y avait des hommes plus âgés qui nous faisaient des dessins sur la figure en incisant la peau avec des pierres aiguisées. Cela aurait dû faire mal, mais j'étais insensible. Après, on nous donna une boisson amère, et nous nous sentîmes tous complètement « partis », très bien. Ensuite, on nous dit que nous étions maintenant entrés dans l'âge d'homme.

Puis je me vis en train de courir à toute vitesse dans la forêt, à la poursuite d'un daim. Je portais un bâton avec une flèche fichée à son extrémité. Je finis par rattraper le daim et je lui lançai mon épieu. Je l'avais touché ! Il s'affaissa, et je me penchai sur lui pour lui couper la gorge. Cela me donna une sensation de respect, de bonheur, et je me sentis vraiment un homme.

J'avançai encore dans le temps et je me retrouvai dans une maison en rondins. J'étais avec mon père qui m'expliquait les principes de notre religion. J'aimais et je respectais mon père, mais j'étais gêné par toute cette histoire de religion. Mon père m'expliqua que je serais le grand prêtre de la tribu, position qui ne me semblait pas du tout faite pour moi.

Cette scène termina mon retour dans le passé.

Je me retrouvai dans le bateau, en train de

regarder cet homme qui se faisait dévorer par les poissons. La foule était enragée d'enthousiasme à la vue de la scène qui se déroulait devant elle. Je fixai l'homme dans l'eau et je jetai des morceaux de feuilles et d'écorce. De toute évidence, cette action avait un sens sacré pour les gens sur le rivage, mais pas pour moi. J'accomplissais la cérémonie mais, dans l'ensemble, j'étais totalement insensible à sa signification.

J'avançai d'un seul coup jusqu'au dernier jour de ma vie. Je quittai la forêt et je me rendis au village pour voir une tribu de sauvages à plumes qui ravageaient le village. Je les voyais détruire les maisons et battre les gens. Ma respiration s'arrêta au moment où je vis plusieurs de ces hommes tirer ma femme hors de notre hutte et commencer à la battre. Puis je me sentis complètement indifférent à ce qui se passait.

Dans la dernière scène, je vis un homme se poster en face de moi. Il avait un arc avec une flèche, il le leva et tira sur moi. « C'est fini », pensai-je. Je vis la flèche arriver lentement vers moi et se planter dans ma poitrine. Je la vis s'enfoncer dans ma chair et la déchirer. Ce fut la fin de ma vie.

Je trouvai intéressant que David soit cynique et non croyant, alors que cette régression ne parlait que de quête spirituelle et d'interrogations sur la signification des rites religieux. Il se montrait aussi en colère contre son père de ne pas mieux lui expliquer sa religion, tout à fait comme il en voulait à son père dans sa vie présente pour ne pas lui avoir donné de conseils spirituels. Dans sa régression David reconnaît que la recherche spirituelle représente quelque chose d'extrêmement important pour lui.

Le résultat de son expérience fut de balayer son cynisme à l'égard des questions religieuses. Il dit qu'il avait longtemps désiré explorer son penchant religieux mais que l'absence de conseils parentaux en ce domaine l'avait empêché de savoir comment s'y prendre.

La régression présentait aussi de nombreux exemples d'insensibilité dans des situations qui auraient dû normalement créer une réaction. Je le lui fis remarquer, et, une fois encore, il évoqua son éducation. Comme les émotions étaient interdites dans sa famille, il lui arrivait rarement de « sentir » quelque chose.

Cette séance avait amené David au cœur même de ses difficultés. Une fois de plus, une unique régression avait permis d'aller droit au but.

Bloqué par le passé

Un thérapeute par les vies antérieures me parla d'un de ses clients qui voulait être écrivain mais qui avait le « blocage de l'écrivain », cet état où l'on est incapable d'écrire un mot. Cela avait pris des proportions tellement graves qu'il avait même des difficultés pour écrire une simple lettre. C'est alors qu'il décida de demander l'aide d'un thérapeute par les vies antérieures.

Le thérapeute le mit sous hypnose et découvrit que la vie qu'il racontait alors était étroitement liée à ses problèmes actuels.

Je me voyais comme si j'étais dans un film, et pourtant je ressentais mes émotions comme si j'avais été dans le corps que je voyais.

J'étais assis près d'une fenêtre, en train d'écrire. D'après mes vêtements et la présence de voitures attelées dans la rue, je suppose que j'étais au début du XIXe siècle.

L'appartement où je me trouvais était un endroit horrible, sale et trop petit, avec un mobilier réduit au minimum. Il y avait un lit d'une personne le long d'un des murs, puis la table et la chaise où j'étais assis, c'est tout. Même avec aussi peu de meubles, la chambre donnait l'impression d'être bourrée à craquer ; elle devait donc être vraiment très petite. Par la fenêtre, je voyais des rangées d'entrepôts, ce qui me fit penser que je me trouvais dans le quartier des entrepôts d'une ville quelconque.

Ma vie était visiblement difficile, mais je me sentais heureux, ce jour-là. J'étais en train de mettre la dernière touche à un roman que j'avais écrit. Cela faisait maintenant plus d'un an que j'y travaillais et j'étais presque prêt à le remettre à un éditeur qui m'avait promis d'y jeter un coup d'œil.

J'étais tout excité. Si je le lui vendais, je pourrais commencer à sortir de ma pauvreté. Cela signifierait aussi que ma famille, qui pensait que je perdais mon temps à écrire, reconnaîtrait que la voie que je m'étais choisie était la bonne. Pour moi, c'était une chance de leur prouver qu'ils avaient tort.

> *Dans une scène suivante, j'étais assis à cette même table et je regardais par la fenêtre. J'étais très triste et amer. L'éditeur m'avait dit que mon livre n'était pas bon. D'après lui, personne ne le publierait. Je ne le croyais pas. Je le présentai alors à trois autres éditeurs qui me dirent la même chose. Je me sentais vaincu et ridicule.*
>
> *Plus tard, j'étais en train de marcher dans les rues. A ce moment, je suis dans mon corps, et les larmes me brouillent les yeux. J'ai écrit un autre roman qui a aussi été refusé. Je pense à me suicider mais j'en suis incapable. Je me jure de persévérer.*
>
> *La dernière scène m'amena à la fin de ma vie. Je me voyais de l'extérieur, comme si j'étais à la place d'une autre personne. J'avais une tête chauve couronnée de cheveux gris, je travaillais dans une bibliothèque. Je me voyais chercher dans des fiches. Il y avait des livres tout autour de mon bureau. Je me sentais aigri. Une pensée me vint à l'esprit : « Tous ces livres, et pas un seul qui porte mon nom. »*

Il me paraît clair que cet homme souffrait d'une peur de l'échec. Son inquiétude était de perdre sa vie à mettre sur le papier des mots qui ne seraient jamais lus. Comme il était venu chez le thérapeute pour surmonter son blocage, celui-ci lui suggéra de se donner une limite dans le temps pour réussir.

Par là, il proposait que son client tente sa chance comme écrivain pendant au moins deux ans. Si, dans ce laps de temps, il n'avait pas obtenu un début de succès significatif, il pourrait se tourner vers d'autres tâches en sachant qu'il avait au moins essayé de réussir dans ses premières amours.

L'écrivain prit cette suggestion au sérieux. Il ne ressentait plus cette obligation de réussir, et, donc, son blocage disparut. Il tenta sa chance dans la carrière littéraire pendant deux ans. Puis il abandonna la plume au profit des cours de droit, content d'avoir au moins essayé.

La « réécriture » des vies

Beaucoup de thérapeutes par les vies antérieures utilisent une technique qui consiste à « réécrire » l'expérience de vie antérieure. Autrement dit, ils interviennent à un point critique de la régression pour faire évoluer l'expérience suivant un autre scénario. Par exemple, une personne qui est morte d'une chute dans une vie passée, et qui a peur aujourd'hui de l'altitude, réécrira sa régression pour avoir une mort naturelle au lieu de tomber victime de l'impitoyable pesanteur. En théorie, cela devrait l'aider à se libérer de sa peur de tomber.

Cette technique prend sa source dans les travaux du célèbre thérapeute Milton Erickson. Il la découvrit alors qu'il faisait une hypnothérapie avec une cliente qui avait peur d'avoir des enfants parce qu'elle craignait d'être aussi mauvaise mère que ses parents.

Au lieu de remplacer ses parents par d'autres plus satisfaisants, Erickson introduisit le souvenir de « l'Homme de Février », un ami imaginaire de son père. Erickson utilisa ce nouveau personnage pour injecter dans le processus la sensation d'être aimée et choyée. Cela aida la patiente à affirmer sa personnalité et lui donna finalement le courage d'avoir des enfants.

Erickson lui-même n'était pas convaincu de la validité de sa méthode, en particulier parce qu'il se demandait si un thérapeute pouvait ajouter avec succès des expériences à la vie de ses clients.

Malgré ses doutes, il utilisa sa méthode pendant des années avec succès, et d'autres avec lui. Certains thérapeutes utilisent une technique baptisée « *reparenting* », où le patient évoque ses mauvais souvenirs d'enfance. Ensuite, on l'aide à devenir cet enfant malheureux par l'hypnose ou en parlant. Ensuite, tandis qu'il repense à ces souvenirs traumatisants, on lui dit d'envoyer à cet ancien lui-même la compréhension et l'amour dont il a besoin. Richard Landis, un psychologue californien, a utilisé cette méthode avec 60 p. 100 de ses clients au cours des vingt dernières années. Il estime n'avoir eu que 6 p. 100 d'échecs.

La plupart des thérapeutes utilisant les régressions pensent qu'il est souvent nécessaire de réécrire l'histoire pour obtenir un véritable impact sur la vie du client. Le simple fait de revivre une vie passée peut avoir un effet de catharsis en libérant les blocages émotionnels ; mais certains thérapeutes pensent que cela doit aussi entraîner une transformation des événements réels de la vie antérieure.

Personnellement, je n'utilise pas les techniques de réécriture. Ceux de mes clients avec lesquels j'ai essayé ont résisté aux tentatives de changer les faits. Une patiente m'a dit que l'expérience de vie antérieure lui donnait l'impression d'avoir réécrit sa vie. Aller encore plus loin que la régression lui semblait représenter un saut trop important pour son esprit logique. D'autres m'ont dit qu'ils ne pouvaient accepter la réécriture parce que leurs expériences étaient réelles et ne sauraient donc être modifiées.

Mais la principale raison pour laquelle je n'utilise pas cette technique est plus simple : je ne la trouve pas aussi efficace que le travail sur la vie antérieure comme moyen direct de parvenir au but.

Chet Snow a exposé l'échec d'une tentative de réécriture dans *The Journal of Regression Therapy (vol III, n° 1, printemps 1988).* D'après le compte-rendu, le patient résiste à la réécriture parce que la vie amenée au jour « s'était terminée de cette façon-là ». Cependant, le fait de revivre cette expérience eut un effet suffisamment thérapeutique pour que le client vienne à bout du problème qui l'avait amené à consulter.

Voici l'étude de ce cas telle que l'a présentée Snow :

> *Mon premier contact avec la technique de réécriture dans le contexte de la thérapie par les vies*

antérieures s'est produit « par hasard » il y a quelques années, au cours d'une formation à l'hypnose professionnelle. Dans le cadre de la préparation de notre diplôme, tous les étudiants de notre groupe — une douzaine de personnes — devaient faire devant le groupe une régression hypnotique (normale, portant sur la vie actuelle). Un des étudiants, disons Jim, n'avait pas de partenaire et demanda au professeur de lui servir de sujet.

Le professeur, Jeff, accepta. Le problème sur lequel il voulait travailler concernait les brusques et inexplicables accès de colère qui s'emparaient de Jeff quand il était au volant de sa voiture, un véhicule plutôt antique et en mauvais état. Chaque fois que sa voiture refusait de démarrer parce qu'il faisait froid ou qu'elle calait en plein embouteillage, Jeff entrait dans une rage totalement étrangère à son tempérament. Normalement, il était plutôt calme, peu facile à faire sortir de ses gonds. Il ajouta que cela lui était d'ailleurs arrivé le matin même et que l'incident était donc encore tout frais dans sa mémoire. Apparemment, c'était le type même du cas qui relève de la thérapie par la régression hypnotique. Je dois toutefois ajouter que, au cours de séances précédentes, Jeff avait insisté sur le fait qu'il ne croyait pas à la réincarnation et qu'il se méfiait de la thérapie par les vies antérieures.

Après une courte induction, la régression commença très bien puis les choses se gâtèrent au moment où Jim (un étudiant inexpérimenté) posa la fatale question « ouverte » : « Qu'est-ce qui est à l'origine de ces crises de colère ? » Il compléta aussitôt sa question en disant à Jeff de régresser immédiatement jusqu'à la situation responsable. Il s'attendait à découvrir un souvenir d'adolescence réprimé, enfoui dans l'inconscient de Jeff, et en relation avec les voitures.

Jeff fit une pause puis, d'une voix étonnée et très émue, se mit à parler de sa situation de soldat allemand en plein désert de Libye avec l'Afrikakorps de Rommel. Il était conducteur de char et était coincé dans un char en feu tandis que les obus britanniques explosaient tout autour de lui. Comme son char s'immobilisait après quelques embardées, le soldat — de toute évidence, Jeff dans sa dernière vie antérieure — essaya désespérément de le faire repartir pour se dégager puis, quand il s'aperçut qu'il n'y avait rien à faire, chercha à s'échapper. Mais l'écoutille était bloquée. Dans un état proche de la panique, il s'acharna sur le tableau de commande en le maudissant, jusqu'à ce que l'artillerie ennemie l'atteigne. Sa vie s'acheva dans une violente explosion.

Ceux d'entre nous qui étaient familiarisés avec les régressions dans les vies antérieures avaient compris ce qui se passait et aidèrent l'étudiant thérapeute abasourdi à guider Jeff à travers cette mort traumatisante et à se dégager de ce corps massacré. Après avoir fait sa transition à l'état d'esprit, Jeff se retrouva beaucoup plus calme, plus détaché. Jim décida d'appliquer ce que nous avions appris sur la réécriture pour débarrasser Jeff de l'incident et de ses conséquences. Il lui fit les suggestions habituelles, disant que la partie de Jeff qui se cramponnait à ce scénario violent et frustrant pouvait maintenant s'en détacher en transformant le « souvenir » et en donnant à l'épisode une conclusion plus heureuse. Jim suggéra précisément que le char pouvait démarrer et rouler, évitant donc l'obus mortel et donnant à Jeff le temps nécessaire pour débloquer l'écoutille et s'échapper.

Malgré les tentatives du groupe pour modifier l'issue de cette histoire sinistre, Jeff refusa de changer quoi que ce soit. Il répétait : « C'est ainsi que cela s'est terminé. » Rien ne put le faire changer d'avis.

On en était là quand Snow eut une idée :

Je suggérai à Jim d'accepter le point de vue de Jeff et de lui demander s'il pouvait laisser tomber la peur et la colère liées à la mort dans le char allemand, en lui expliquant qu'il n'avait pas besoin de traîner cela dans sa vie actuelle. Jeff accepta aussitôt la suggestion et laissa Jim le ramener au présent sans aucun problème. Après la séance, Jeff continua de rejeter l'idée que sa régression pouvait représenter des souvenirs d'une autre vie. Pourtant, il ne pouvait pas expliquer son refus de modifier le scénario. Quant à moi, j'ai remarqué que, depuis, il n'a plus jamais parlé de crises de rage au volant de sa voiture.

Depuis cet épisode, Snow a continué à utiliser la technique de la réécriture, et avec succès.

Certains thérapeutes utilisant les régressions — en particulier les partisans de la réincarnation —

estiment qu'on ne devrait jamais se servir de la réécriture. Pour eux, c'est du bricolage qui ne tient pas compte des véritables raisons d'explorer les vies passées : trouver la racine d'une difficulté. Ils considèrent que les régressions dans les vies antérieures offrent la possibilité de comprendre la vraie nature de l'être. Si l'on évite de rencontrer son vrai moi, les difficultés de la vie actuelle se retrouveront dans la vie suivante, etc. Une difficulté « réécrite » a été maquillée pour satisfaire l'ego de la personne dans sa vie présente. Il n'en reste pas moins que la réécriture est une façon d'utiliser les vies antérieures pour résoudre les problèmes présents.

La régression, un outil

Je ne cherche pas à prétendre ici que la régression dans les vies antérieures est la panacée. Je veux plutôt souligner que cette forme de thérapie peut avoir un effet positif sur des difficultés psychiques qui auraient échappé aux autres thérapies.

En utilisant cette méthode dans de nombreux cas de maladie physique et mentale, j'ai en tout cas découvert une chose : ce n'est pas un jeu. C'est un puissant outil de thérapie.

LA SIGNIFICATION DES VIES ANTÉRIEURES

5

Les régressions sont-elles une preuve de la vie avant la vie ?

Maintenant que j'ai changé d'opinion sur les régressions dans les vies antérieures, je réponds différemment quand on m'interroge sur leur signification. On trouvera dans les trois chapitres suivants ce qui, d'après moi, répond le mieux à cette question.

Laquelle de ces différentes explications ai-je adoptée ? En toute honnêteté, aucune ! Du moins, aucune prise toute seule. J'ai fait régresser des dizaines de gens et je me suis aperçu que leurs expériences pouvaient entrer sans hésitation dans le cadre des différentes catégories d'explication de la régression, y compris dans celui de la « réincarnation ».

Ce qui nous amène à la question la plus souvent posée à propos des vies antérieures : « Est-ce que ces souvenirs si nets d'une autre vie, quelle qu'elle soit, témoignent en faveur de la réincarnation ? »

D'un côté...

Je suis toujours très embarrassé pour répondre à cette question. Ma formation scientifique et mon éducation chrétienne m'amènent à donner la réponse suivante.

L'idée de réincarnation ne peut être intégrée par la pensée chrétienne, avec son système de récompense et de punition, de ciel et d'enfer. Au lieu de cela, la thèse de la réincarnation donne l'espoir d'un renouvellement, dans un système où une vie suit l'autre selon la croyance que la mort engendre sans cesse le renouveau.

Ce système de croyance est donc l'antithèse de la pensée chrétienne. La plupart des confessions professent que la mort physique sera abolie à la fin des temps quand le Christ reviendra et ressuscitera les justes. Selon les paroles de Salomon : « Car les vivants savent qu'ils mourront, tandis que les morts ne savent rien. »

Quoi qu'il en soit, il faut se rappeler que la science ignore tout de ce qui peut arriver après la mort. Sauf si l'on tient compte des récits particuliers des gens qui se souviendraient en détail de vies passées, il n'existe *aucune preuve reproductible* d'une vie après la mort. Prouver la réincarnation de façon scientifique consisterait à prouver de façon répétée que, par exemple, des souris blanches qui viennent de naître dans tel laboratoire étaient précédemment mortes dans ce même laboratoire.

La science n'accepte en principe que les programmes de recherche qui donnent des résultats reproductibles. Elle enregistrera sans difficulté des recherches sur les effets de certains médicaments sur une population donnée, par exemple, car les résultats sont observables.

La réincarnation résiste à l'observation. Où va l'âme entre deux incarnations ? Où sont les preuves de la réalité d'un autre plan d'existence où les âmes attendraient d'entrer dans un nouveau corps ? Pourquoi n'avons-nous pas la sensation consciente d'avoir déjà vécu ?

Ce type de questions s'oppose à l'investigation scientifique parce qu'il faudrait avant toute étude du style « souris blanche » éliminer ces variables.

C'est pourquoi, en tant que scientifique marqué par une éducation chrétienne, je devrais dire que les régressions dans les vies antérieures sont la preuve d'un état de conscience modifié que l'on atteint grâce à l'hypnose.

Cela ne me dérangerait pas du tout d'en rester là. Même si ces expériences n'ont pas la qualité d'une preuve scientifique de la réincarnation, elles n'en sont pas moins la preuve de l'existence d'un monde riche et plein de sens au-delà du conscient.

Nous l'avons vu, les régressions nous ouvrent un monde qui peut avoir des répercussions sur notre bien-être mental et physique. C'est aussi un monde, comme il apparaîtra dans les trois prochains chapitres, qui nous offre la possibilité d'explorer toute une variété de modes de vie que nous ne pourrions normalement pas connaître. Il nous donne aussi l'occasion d'établir notre propre mythe à propos de nous-même, mythe qui nous aide à nous maintenir sur la voie que nous nous sommes tracée ou qui nous aide à expliquer, au niveau le plus profond de notre inconscient, pourquoi nous avons choisi cette voie.

Les régressions dans les vies antérieures peuvent aussi nous aider à nous brancher sur un vaste réservoir de connaissances que la plupart d'entre nous ignorent même posséder. Il se compose de toutes ces connaissances accumulées au hasard, ou apprises pendant la scolarité et « oubliées » (mais, en réalité, seulement cachées dans un repli de notre matière grise). L'expérience au cours de laquelle on se branche sur ce réservoir de connaissances est appelée « cryptomnésie » et « xénoglossie ».

Si je disais que le scientifique en moi est trop fort pour que je puisse croire en la réincarnation, je devrais ajouter que les régressions ont une valeur intrinsèque, parce qu'elles peuvent aider des gens à mieux se connaître. Elles peuvent faciliter la compréhension de nos peurs, de nos désirs, de nos besoins cachés. Elles peuvent nous justifier vis-à-vis de nous-mêmes. Les régressions représentent un fantastique outil de connaissance de soi. C'est un moyen de faire l'expérience de différentes identités, de comportements variés, de caractères, de personnalités. C'est aussi un authentique moyen d'examiner nos racines psychologiques pour découvrir notre personnalité.

D'où vient ce fleuve d'images que nous captons ? A quoi sert-il ? La source de cette imagerie reste l'un des plus profonds mystères de l'esprit mais, par bonheur, ses bienfaits nous sont très accessibles.

... De l'autre

Mais cela ne répond toujours pas à la question : « Les régressions dans les vies antérieures apportent-elles la preuve de la réincarnation ? »

Mon côté réaliste et concret me ferait volontiers répondre « peut-être ». D'abord, une personne capable de penser que la réincarnation est une croyance partagée seulement par quelques individus fourvoyés aurait probablement passé sa vie avec des œillères. La réincarnation est peut-être la croyance spirituelle la plus ancienne et la plus répandue de l'humanité. Et il ne s'agit pas d'une idée seulement défendue par les religions de l'Antiquité : c'est une croyance très actuelle. Les partisans de la survie de l'âme ne se cantonnent pas à l'Inde ou à d'autres pays exotiques : il en existe certainement pas loin de chez vous.

Un des plus grands chercheurs en ce domaine est Ian Stevenson, professeur de psychiatrie à l'université de Virginie. Stevenson a étudié des « cas suggérant la réincarnation » en donnant des descriptions minutieuses et une analyse détaillée des cas qu'il a rassemblés dans un célèbre ouvrage. Il a regroupé les éléments propres à chaque cas dans un tableau, avec le nom des gens contactés pour vérifier les détails de chaque cas. Ces tableaux peuvent prendre plusieurs pages, mettant en évidence le travail de fourmi requis pour étudier chaque cas[1].

Dans les dossiers de Stevenson, on trouve l'histoire de Parmod Sharma, né en 1944 dans la famille d'un professeur de l'Utar Pradesh en Inde. Voici le récit qu'en donne Stevenson :

> *Vers deux ans et demi, l'enfant commença à dire à sa mère de ne pas faire la cuisine parce que sa femme à Moradabad s'en chargeait. Ensuite, vers l'âge de trois ou quatre ans, il se mit à faire allusion à une grande boutique de limonade et de biscuits qu'il prétendait posséder à Moradabad. Il demanda à y aller. Il déclara être l'un des Mohan Frères, être fortuné et avoir eu un autre magasin à Saharanpur. Il était très intéressé par les biscuits et les magasins. Il raconta que, dans sa vie antérieure, il était tombé malade après avoir mangé trop de lait caillé, et qu'« il était mort dans une baignoire ».*

Stevenson se rendit en Inde pour rencontrer l'enfant. Ensuite, il interrogea sa famille et apprit qu'ils n'avaient jamais entendu parler de quiconque

1. Ian Stevenson : *20 cas suggérant la réincarnation*, éditions Sand, 1985.

portant le nom de « Mohan ». Stevenson enquêta à Moradabad et découvrit qu'il existait bien un magasin de biscuits portant le nom de Mohan Frères. Il apprit qu'ils avaient une autre biscuiterie à Saharanpur et qu'un de leurs frères était mort d'une maladie gastro-intestinale. Etait-il mort dans une baignoire ? Presque.

> *La famille Mehra témoigna que Parmanand voulut traiter son appendicite par la médecine naturelle en prenant des bains. Il avait appliqué ce traitement, mais, en réalité, il n'était pas mort dans une baignoire. Dans une lettre du 6 septembre 1949, Sri B. L. Sharma indiqua que Parmod avait dit être mort étant « mouillé »; or, Sri B. L. Sharma avait appris (probablement par la famille Mehra) qu'on avait donné un bain à Parmanand juste avant sa mort.*

Stevenson a enquêté sur des dizaines de cas de réincarnation dans le monde entier. Quoiqu'il s'agisse d'un recueil de récits, ses enquêtes sont si serrées que les dossiers ne reposent pas uniquement sur la parole de la personne concernée.

Le travail scrupuleux de Stevenson a aidé à faire considérer la question de la réincarnation plus sérieusement par d'autres scientifiques. Un chercheur réputé dit que le travail de Stevenson « nous a permis d'avancer sur le chemin de ce que l'on pourrait appeler l'approche directe de la question. Ce type d'approche prend le problème de front, à la recherche de preuves de la survie des structures de la personnalité... Il a contribué à faire de la survie un sujet de recherche honorable, susceptible d'apparaître sans honte parmi les sujets d'intérêt scientifique ».

Mais les travaux de Stevenson prouvent-ils que l'âme va et vient, d'un corps au suivant ? On ne peut l'affirmer dans une perspective « scientifique ». En revanche, il fournit des preuves qu'il est difficile d'ignorer, même dans un monde sceptique.

Quelques cas dont il faut bien tenir compte

Toutes les régressions présentées ici pourraient facilement être considérées comme des expériences de réincarnation. Bien sûr, pour les sceptiques, ce sont seulement les produits d'une dissociation mentale ou du désir du sujet de faire plaisir à l'hypnotiseur.

Ce genre d'argument satisfait les sceptiques, mais ne suffit pas à convaincre qui fait l'effort de creuser la question. Par exemple, on peut s'étonner qu'un individu puisse créer des vies pleines de tant de détails « pris sur le vif » ? Helen Wambach, une psychologue qui a fait des recherches sur les vies antérieures, a mis en évidence que 90 p. 100 des gens qui tentaient une régression sous hypnose se rappelaient des événements d'une vie passée. Comment se fait-il que leurs « vies passées » aient l'air aussi réelles que leurs vies actuelles ? A priori, on pourrait dire que ce sont des produits de l'imagination. Mais, encore une fois, pourquoi ces produits sont-ils si vivants ? Et, surtout, pourquoi la plupart ont-ils si peu l'air d'être sortis de l'imagination ?

C'est ce genre de questions qui rend les régressions dans les vies antérieures tellement intrigantes, même pour les spécialistes. En parlant avec d'autres thérapeutes qui utilisent comme moi la technique des régressions, je me suis souvent rendu compte qu'ils sont aussi incapables que moi de déterminer si ces régressions témoignent réellement d'un processus de réincarnation ou seulement du travail (ou de l'amusement) de l'inconscient.

Selon l'expression de l'un d'eux : « Il suffit que vous soyez prêt à croire que les régressions sont le produit du seul inconscient pour qu'il vous arrive un cas inexplicable sans l'intervention d'une vie passée. Et vous recommencez à vous poser les mêmes questions. »

La renaissance de l'aristocrate

Un bon exemple est celui du Dr Paul Hansen, thérapeute par les vies antérieures dans le Colorado. Il m'a raconté une régression qu'il a faite en 1981, et où il s'est retrouvé dans la vie d'un noble français, Antoine Poirot. Il savait qu'il vivait de ses propriétés non loin de Vichy. Sa femme s'appelait Marie, et ils avaient deux enfants.

Il « gouvernait » une région à peu près de la taille d'un grand comté de l'ouest des Etats-Unis. Il régentait la vie et les obligations de centaines de paysans depuis son petit château.

« La scène la plus frappante de ma régression fut celle où je chevauchais vers le château avec ma femme en traversant des bois parfaitement entretenus, m'a dit Hansen. Elle portait une robe de velours rouge éclatant et elle montait en amazone. »

Hansen ne se souvenait pas seulement de son nom : il avait aussi une date aux alentours de 1600. Muni de la date et du nom, il chercha dans les registres de naissance de l'époque. Il trouva effectivement la trace de la naissance de Poirot, enregistrée par le curé de la paroisse.

Hansen ne se rappelle pas avoir entendu ou vu ce nom avant de s'en être « souvenu » au cours de sa régression. Il n'y a d'ailleurs aucune raison pour que ce riche propriétaire terrien du XVIIe siècle français figure dans les livres d'histoire. Pour Hansen, cette expérience prouve qu'il a déjà vécu.

Bien sûr, cela ne constitue pas la preuve dont la communauté scientifique a besoin, mais pour Hansen cela suffit.

La caravane Donner

Cette étude de cas est due à Dick Sutphen, hypnotiseur et thérapeute réputé. Il y a plusieurs années, il fit régresser une Allemande qui avait des problèmes de poids. Elle était prise dans un cycle d'alternance de boulimie et de jeûne, et espérait que Sutphen l'aiderait à s'en sortir. Au cours de sa régression, elle se retrouva dans la caravane Donner, ces malheureux émigrants qui furent bloqués dans les Rocheuses par une tempête de neige sans rien d'autre à manger que les membres de leur groupe.

Est-ce une preuve de réincarnation ? Vous en déciderez par vous-même après avoir lu la transcription de sa régression et les commentaires de Sutphen.

Dick : Parlez-moi et dites-moi ce que vous éprouvez... qu'est-ce qui se passe ?

Eva : J'ai peur. *(Elle se met à trembler.)*

Dick : De quoi avez-vous peur ?

Eva : D'un piège, dans la neige. Tout le monde. Nous n'avons pas réussi à en sortir avant que la neige se mette à tomber.

Dick : Y a-t-il d'autres personnes avec vous ? Combien ?

Eva : Oh, peut-être 30 ou 40 personnes.

Dick : Bien. Dites-moi tout ce que vous pouvez sur la situation où vous vous trouvez.

Eva : Nous avons essayé de passer avant qu'il se mette à neiger. Mais nous n'y sommes pas arrivés. Maintenant, on est coincés. On ne peut plus passer.

Dick : Quel mode de transport utilisiez-vous ?

Eva : Des chariots et on marchait.

Dick : Quel âge avez-vous ?

Eva : J'ai dix ans.

Dick : Comment vous appelez-vous ?

Eva : Mary.

Dick : Bien. Mary, vous avez dix ans, et vous êtes prise au piège avec 30 ou 40 personnes. Est-ce que vous faisiez partie d'un convoi de chariots ? C'est ça ?

Eva : Oui.

Dick : Bien. Parlez-moi de ce qui se passe maintenant. Dites-m'en plus.

Eva : Eh bien, nous... il fait très froid, et nous n'avons rien à manger.

Dick : D'accord. Comment s'appelle votre groupe ?

Eva : Hum... Donner ?

Dick : Oui. Bon, maintenant je veux que vous avanciez dans le temps jusqu'à quelque chose de très important, quand je dirai trois : un, deux, trois.

Eva : Mon grand-père est mort. Il vient tout juste de mourir.

Dick : Est-ce que votre mère est là ? Et votre père ?

Eva : Mon père n'est pas là.

Dick : Votre père, où est votre père ?

Eva : Je pense qu'il nous attendait de l'autre côté... Je ne sais pas.

Dick : D'accord. Vous voyagiez avec votre mère et votre grand-père, c'est bien ça ?

Eva : Oui, et ma sœur, et mes frères, et grand-père est mort.

Dick : Qu'est-ce que votre mère vous dit ? Est-ce que vous allez enterrer votre grand-père ?

Eva : Non... non, ce n'est pas ce qu'on dit. On nous donne à manger maintenant, on nous donne à manger.

Dick : On vous donne à manger.

Eva : Et ils ne veulent pas que nous sachions que c'est grand-père. Mais je le sais. Je le sais bien et je ne devrais pas manger ça. *(Eva tremble, et les larmes coulent sur ses joues.)*

Dick : Avez-vous faim, Mary ?

Eva : Oh oui !

Eva : Très, très faim ? Je veux que vous ressentiez cette faim. Comment est-ce d'avoir tellement faim ?

Eva : Cela n'a pas d'importance. Rien n'a d'importance.

Dick : Si, c'est important. Vous mangez. Vous avez faim, et cela vous fait souffrir. Il faut m'en parler. Je veux que vous en fassiez l'expérience pleine et entière. Vous allez ressentir la faim et vous allez vous retrouver de l'autre côté. *(Je laisse passer un moment pour qu'Eva ait le temps de ressentir la faim.)* Maintenant, dites-moi quelle impression cela donne d'avoir tellement faim ?

Eva : C'est épouvantable ! Votre propre frère, votre propre sœur deviennent vos ennemis ; il n'y a plus que ça qui compte, la faim. Rien d'autre, il n'y a plus rien d'autre.

Dick : Bien. Nous avançons dans le temps, maintenant. Mary, vous vous enfoncez dans l'hiver. Dites-moi ce qui se passe maintenant.

Eva : Il y a de plus en plus de disparitions parmi les gens les plus âgés du groupe.

Dick : Ils disparaissent ou bien ils meurent ? Qu'est-ce qui arrive aux plus vieux ?

Eva : Je ne crois pas qu'ils meurent encore normalement. Je crois... je crois que les autres les tuent.

Dick : Pensez-vous qu'ils tuent les plus vieux pour les manger ?

Eva : Oui... oui, je pense vraiment que c'est ça.

Dick : D'accord. Le temps... comment passez-vous le temps ? Que faites-vous de votre journée ? Je veux savoir tout ce qui se passe.

Eva : Dans un trou, dans un trou dans la neige.

Dick : Un trou dans la neige, d'accord.

Eva : Nous restons serrés les uns contre les autres à cause du froid.

Dick : Vous passez toute la journée comme ça ? A vous serrer pour avoir chaud ?

Eva : Les enfants, leurs mères et les autres.

Dick : Comment ? Est-ce que vous êtes chacun dans son trou ou bien tous dans le même campement ? Comment êtes-vous installés ? Combien êtes-vous maintenant, et comment êtes-vous organisés ?

Eva : Il ne reste que deux familles. Mais ce n'est pas vraiment des vraies familles complètes. Il ne reste pratiquement que les femmes et les enfants. Et je crois que, maintenant, tout le monde sait, tout le monde sait la vérité maintenant, sauf les bébés. Je ne devrais pas manger ça.

Dick : Mais vous mangez. Qu'est-ce que cela vous fait de manger les gens ?

Eva : Je trouve ça abominable.

Dick : Mais vous le faites. Qu'est-ce que vous ressentez en le faisant alors que cela vous épouvante ? *(Je la pousse volontairement à exprimer ses émotions refoulées.)*

Eva : Une partie de moi pense que c'est bien et une autre partie que c'est mal. Ma mère dit que c'est bien.

Dick : D'accord. Maintenant, vous avancez un peu plus dans le temps, juste un peu, Mary. Le temps passe, et l'hiver avance de plus en plus. Que se passe-t-il maintenant ?

Eva : Il n'y a plus beaucoup de gens. Juste les enfants et les femmes. Et deux hommes.

Dick : Deux hommes ?

Eva : Ils ont peur des femmes. Ils ont un abri pour eux tous seuls.

Dick : Les hommes ont leur propre abri parce qu'ils ont peur des femmes ?

Eva : Oui.

Dick : Pourquoi ont-ils peur des femmes ?

Eva : Je pense qu'elles ne veulent pas que leurs enfants meurent.

Dick : Les femmes ne veulent pas que leurs enfants meurent, qu'est-ce que cela veut dire ?

Eva : Elles veulent les hommes... les manger. *(Elle commence à pleurer et à trembler.)*

Dick : Laissons cela maintenant et, sans aucune peur, sans émotion pénible, quand je compterai trois, je veux que vous alliez au tout dernier jour de votre vie dans cette existence que nous étudions en ce moment. Vous n'êtes pas morte, vous ne vous êtes pas transformée en esprit. Mais c'est le dernier jour de votre vie, et je veux que vous me disiez ce qui se passe.

Eva : Je suis une vieille grand-mère.

Dick : D'accord, Mary. Maintenant, vous revoyez votre vie et vous me dites ce qui vous est arrivé. Vous faisiez partie de la caravane Donner et vous avez été coincée dans la neige avec une partie de la caravane. Vous avez donc été sauvée, n'est-ce pas ?

Eva : Oui. Le printemps... le printemps est arrivé.

Dick : Le printemps est arrivé, et vous avez survécu. Combien d'entre vous ont survécu ?

Eva : Pas beaucoup, vraiment pas beaucoup. Une quinzaine ? Une vingtaine ?

Dick : Et vous avez continué à vivre. Où avez-vous passé votre vie, Mary ?

Eva : Nous sommes partis très loin et nous avons changé de nom.

Dick : Pourquoi avez-vous changé de nom ?

Eva : Les gens. Les gens savaient.

Dick : Les gens savaient que les survivants de la caravane Donner avaient mangé les autres gens ?

Eva : Oui.

Dick : Et ils les condamnaient pour l'avoir fait ?

Eva : Oui.

Dick : Et qu'est-ce que vous en pensez ? Qu'est-ce que cela vous fait d'être un des survivants du convoi, et d'avoir mangé des gens ? Est-ce que vous y avez repensé toute votre vie ?

Eva : Je sentais que je ne pourrais plus jamais manger de viande, plus jamais, parce que je savais que c'était mal.

Dick : C'était mal de manger des gens.

Eva : Oui. Je n'aurais pas dû en manger, d'aucun.

Dick : Vous étiez une petite fille de dix ans, et votre maman vous avait dit que c'était bien. Est-ce que cela ne change pas tout ? Vous pensez toujours que c'était mal ?

Eva : Mon grand-père, surtout. Surtout lui. Oui. C'était mal.

Dick : Est-ce que votre frère et votre sœur ont survécu, Mary ?

Eva : Oui. Mais ils sont tous partis. Nous n'avons jamais voulu nous revoir après ça.

Dick : Vous ne vouliez pas vous revoir ?

Eva : Non. Nous sommes tous partis dans des directions différentes et nous avons perdu le contact. Nous ne voulions pas que l'on sache qui nous étions, nous ne voulions même pas nous connaître.

Dick : Est-ce que quelqu'un d'autre a jamais su la vérité ? Votre mari ?

Eva : Non.

Dick : Vous ne le lui avez jamais dit ?

Eva : Non. Je ne l'ai jamais dit à personne.

Dick : C'est donc quelque chose que vous avez refoulé toute votre vie. N'était-ce pas un terrible fardeau, Mary ?

Eva : Ça l'est toujours. Je le sens toujours. J'ai peur de mourir.

Dick : Pourquoi avez-vous peur de mourir ?

Eva : J'ai peur de revoir mon grand-père.

Dick : Parlez-moi de ça.

Eva : Si le ciel et l'enfer existent, il pourrait revenir.

Dick : Pensez-vous qu'il condamnerait une petite-fille de dix ans ? Il a peut-être été content de savoir qu'il pouvait contribuer à vous garder en vie. Pensez-vous que ce soit possible ?

Eva : J'ai peur de savoir. Je ne sais pas. Ma mère m'a toujours dit ça, ce que vous dites.

Dick : Que vous disait-elle ?

Eva : Que ce n'était pas grave. Qu'il était mort, de toute façon.

Dick : Quand vous avez grandi, est-ce que vous avez perdu le contact avec votre mère aussi ?

Eva : Non. Elle est morte après ça. Elle n'a jamais retrouvé la santé.

Dick : Elle n'a jamais pu retrouver la santé après cet hiver-là ?

Eva : Non. Elle n'a pas pu. Mais je crois qu'elle ne voulait plus vivre après ça.

Dick : Et votre père ? Est-ce qu'il vous attendait de l'autre côté de la montagne ou pas ?

Eva : Non. Je suppose qu'il nous a reniés quand il a su ce qui s'était passé. Je ne sais pas.

Dans ses recherches, Sutphen a appris qu'Eva était arrivée aux Etats-Unis en 1953 et n'avait jamais étudié l'histoire de son nouveau pays. Elle n'avait aucun souvenir conscient d'avoir entendu parler de la tragédie Donner de 1846.

En se documentant sur ce qui s'était réellement passé, Sutphen a découvert qu'il y avait en tout 87 personnes dans cette malheureuses traversée des Rocheuses. Deux sections du convoi de chariots parvinrent au lieu maintenant appelé Donner Lake et y construisirent des cabanes de rondins grossiers. La troisième section de la caravane, conduite par George Donner, fut prise au piège de l'hiver loin du reste du groupe. Ils abandonnèrent les chariots et plantèrent des tentes qu'ils renforcèrent avec des peaux de bovins. Les chutes de neige atteignirent presque quatre mètres d'épaisseur, les obligeant à creuser des trous dans la neige pour parvenir à l'air libre, exactement comme l'avait dit Eva.

Dans toute la caravane, il y eut 47 survivants, surtout des femmes et des enfants. Parmi ceux qui avaient été coupés du reste du convoi, seules 8 personnes survécurent, dont 2 hommes.

Conclusion

Les cas présentés dans ce chapitre — et dans ce livre en général — plaident tous en faveur de l'hypothèse de la réincarnation. D'où proviennent ces « souvenirs », si ce n'est d'une vie précédente ? Pourquoi ont-ils des effets si profonds sur certaines personnes s'ils ne correspondent pas à des événements « réels » ? On pourrait poursuivre longtemps cette liste de questions.

Malheureusement, la réponse à la question de la réincarnation — renaissons-nous encore et encore ? — n'existe pas. La science ne peut dire qu'une chose : on ne peut rien prouver ; les témoignages prouvent qu'on ne peut l'éliminer avec certitude.

Il en résulte une question à laquelle chaque individu doit répondre pour lui-même.

6

Les vies antérieures nous aident-elles à entrevoir d'autres modes d'existence ?

Chaque être humain est un mystère pour lui-même.

De l'extérieur, la plupart d'entre nous donnent l'impression d'être équilibrés. Nous accomplissons nos tâches quotidiennes avec toute la logique voulue ; nous mangeons, nous travaillons et nous dormons à peu près de la même façon tous les jours. Mais, sous ce calme apparent, nous sommes la proie d'une activité incessante, d'un bouillonnement constant de pensées et d'idées, d'exploits imaginaires et de croyances subliminales. Nous passons chaque jour bien plus de temps à discuter avec nous-mêmes qu'avec les autres. Nous nous interrogeons, nous flattons notre ego, nous rêvons à des pays lointains et à d'autres modes de vie.

De même que nous avons tendance à nous répéter dans une conversation avec quelqu'un d'autre, nos conversations avec nous-mêmes sont sans cesse reprises par notre compagnon le plus intime, notre inconscient.

L'inconscient est le plus grand créateur et le plus grand expérimentateur. Il peut s'emparer de nos rêveries et s'enfuir avec elles. Il peut nous aider à imaginer aussi bien la vie du prince de Galles que celle d'un policier en train de faire sa ronde. Ce peut être un instrument plein de créativité pour explorer des sentiments que nous ne comprenons pas, dans une sorte d'exploration de l'alter ego.

Quand la créativité de l'inconscient est sollicitée par l'hypnose, il peut nous entraîner dans des voyages magiques plus réels que nos rêveries. Parfois, ces voyages nous conduisent en des endroits dont nous ne savions pas consciemment que nous avions envie de les visiter.

Un jour, j'ai fait régresser un « macho » de première ; nous avons découvert que, dans une vie précédente, il était homosexuel. Il fut très choqué et quelque peu gêné.

Je reste persuadé qu'inconsciemment ce mode de vie l'intéressait. Sous hypnose, il se sentit suffisamment détendu pour se laisser aller librement à sa curiosité. L'expérience le rendit moins partial à l'égard des femmes et plus compréhensif envers les homosexuels.

Une autre fois, j'ai eu affaire à une femme d'une trentaine d'années, très puritaine et « basbleu ». Elle avait consacré toute sa vie aux études, ce dont témoignaient amplement ses références. Elle avait trois licences et en préparait une quatrième au moment de sa régression.

Avant de la mettre sous hypnose, je parlai avec

elle. Elle me dit que sa vie commençait à l'ennuyer. A cause du mariage raté de ses parents, elle avait ignoré l'autre sexe et pensait qu'une relation avec un homme ne pouvait être qu'une catastrophe. Elle n'avait jamais cherché à être séduisante, camouflant au contraire sa féminité sous un comportement masculin. Elle abandonnait rarement ses études au profit d'une activité extérieure, et préférait passer le plus clair de son temps « le nez dans un bouquin ».

A présent, elle voulait abattre ce mur qu'elle s'était imposé à elle-même. Elle n'avait jamais eu de relation forte avec un homme, mais elle commençait à se demander si une relation de ce type tournerait forcément aussi mal que celle de ses parents. Elle commençait même à se dire qu'elle aimerait peut-être avoir des enfants.

Elle resta assez vague sur les raisons pour lesquelles elle voulait faire une régression sous hypnose ; elle me dit toutefois qu'elle voulait savoir s'il n'y avait rien eu dans une autre vie qui serait à l'origine de son sentiment de solitude actuel.

Ce qui sortit de la régression ne fut pas le souvenir d'une relation pénible mais exactement le contraire. La régression lui donna l'occasion d'explorer ses plus profonds sujets de curiosité. Voici ce qui arriva à notre « intellectuelle » :

Je remontais dans le temps jusqu'à une autre vie, mais je n'ai aucune idée de l'endroit où ça s'est passé. Je pense que c'était quelque part en Scandina-

vie, ou un pays de ce genre. Il n'y avait aucune indication de date mais je suis sûre que c'était il y a plusieurs siècles. Nous n'avions pas de métal. Le mode de vie faisait vraiment penser à l'âge de la pierre.

Il y a une scène où j'étais assise près d'un feu de camp ; je regardais mon mari fixer de petites pointes de flèche au bout de fins bâtons avec de la poix préparée à partir de résine. Il les attachait ensuite avec une corde très solide. A un autre moment, je me suis trouvée en train de regarder la peau d'une bête. Elle était tendue entre deux branches, et je la grattais avec un silex. Je me suis rendu compte que je travaillais avec énergie et que j'aimais le côté répétitif de mon travail.

A certains moments, je pouvais me voir. J'avais les cheveux d'un gris très pâle et je portais une tunique faite avec un tissu grossièrement taillé. Je me souviens aussi de regarder dans les yeux de mon mari : il avait des yeux d'un bleu extraordinaire.

Dans cette vie, j'avais au moins huit enfants. J'aimais tous ces enfants, quoiqu'il y ait eu dans cette culture la notion d'appartenir à une unité où tous les membres étaient interdépendants ; tout le monde jouait un rôle dans l'éducation des enfants.

Je me rends compte que j'aimais mon mari, mais je nous considérais comme une unité, pas tellement comme des amants. Nous dépendions l'un de l'autre pour notre survie. Ce n'était pas réellement une question d'attirance amoureuse.

Je me souviens de moments de très grande joie. Dans une des scènes, nous courions par un jour d'été, nous nous poursuivions en jouant au ballon prisonnier avec un objet que nous nous lancions.

A un autre moment, j'ai assisté à la mort de mon mari. Nous montions dans un bateau sur une rivière très rapide quand il tomba soudain à l'eau et fut emporté par le courant. Je courus au campement pour dire à mon fils, jeune adolescent, de courir le long de la rivière pour le retrouver. Il le trouva mais il était mort.

J'ai vu les funérailles. Un groupe de ses amis avait creusé un tronc d'arbre pour y déposer son corps. Je l'avais habillé avec un vêtement de cuir neuf et j'avais déposé un grattoir en os dans le tronc d'arbre à côté de lui. Ses amis ont chanté et pleuré, et puis nous avons porté le corps près de l'endroit où nous habitions, et nous l'avons enterré.

J'étais désespérée. Il me manquait mais il y avait aussi des considérations pratiques. Il faisait très froid dans ce pays, et nous avions besoin d'aide pour la cueillette et la chasse, pour amasser autant de nourriture et de gibier que possible. Mais la région était très peu peuplée. Je n'avais aucune chance de trouver un autre partenaire, à moins qu'une autre femme meure, ce qui aurait brusquement rendu son mari libre.

La toute dernière chose dont je puisse me souvenir est l'escalade d'une colline rocheuse avec mes enfants. C'est la dernière chose dont je me souviens, cela et d'avoir eu une vague inquiétude sur le sort de mes enfants. Je pense que j'ai dû mourir à ce moment-là.

J'ai été immédiatement frappé par le contraste total entre cette vie et la vie actuelle de ma cliente.

Alors qu'elle avait toujours mené une vie indépendante consacrée à des activités intellectuelles, sa régression la montrait dans le rôle d'une femme dépendante et très fertile. Alors qu'elle avait toujours vécu loin de la terre et de ses productions, dans sa régression, elle en dépendait.

Elle était stupéfaite d'un tel résultat. La vie dont elle avait fait l'expérience était totalement à l'opposé de celle qu'elle connaissait dans ce siècle — et certainement aussi de ce qu'elle pensait trouver dans une régression sous hypnose. L'idée d'être une « mère nourricière » lui avait à peine effleuré l'esprit. Je lui rappelai qu'il y a en nous des sentiments profondément enfouis que nous ne comprenons souvent pas ou ne désirons pas connaître consciemment.

Voici d'autres cas qui me font croire que les régressions dans les vies antérieures peuvent constituer une sorte de forum où l'alter ego peut s'exprimer.

Problèmes d'autorité

Mike est le fils du maire d'une petite ville. Il est en faculté de droit et a hâte d'ouvrir son cabinet. Il affirme volontiers qu'il respecte l'autorité et pense prendre un jour ou l'autre des responsabilités politiques.

Il n'y a aucune histoire de drogue ou d'alcoolisme dans sa famille ; quant à lui, il boit très peu.

J'insiste sur ces deux points, l'autorité et l'alcool, car la régression de Mike présente des exemples d'abus de l'un comme de l'autre.

J'étais manifestement en Europe. Je pense que cela se passait il y a deux ou trois cents ans, mais je n'ai aucune idée de la date et de l'endroit exacts. Je suppose que c'était en Grande-Bretagne. J'étais un petit garçon. C'était le soir, et je marchais dans les rues ; je me rappelle que j'étais effaré du nombre de maisons où l'on buvait de l'alcool. Je regardais par les fenêtres des maisons en descendant la rue et j'avais l'impression que, dans chaque salon, il y avait quelqu'un en train de boire.

Je me sentais très inquiet. Ma mère et mon père avaient environ trente ans et, en arrivant à l'appartement où nous vivions, je me suis rendu compte que nous étions dans la misère. C'était un tout petit appartement avec des murs gris. Ma mère ne pensait qu'à la religion, et les murs étaient entièrement couverts d'images de Jésus et de la Vierge Marie.

Mes parents étaient ivres en permanence. Je me sentais profondément désespéré en entrant chez nous. Je regardai par la fenêtre dans la rue, et le spectacle était effrayant. Les rues étaient jonchées de gens ivres morts. Les conditions de salubrité étaient horribles ; les caniveaux servaient d'égouts. La ville tout entière était d'une saleté repoussante.

Une des choses qui m'ont frappé dans cette vie, c'était le mal qu'avaient les gens à communiquer. En l'absence du téléphone, cela me semblait terriblement compliqué. A plusieurs reprises, j'ai remarqué que l'on envoyait des gens chercher quelqu'un d'autre ou porter un message manuscrit. Ces courriers faisaient office de téléphone !

C'est un accident qui m'a fait prendre conscience de la difficulté des communications : j'ai vu un homme se faire renverser par un cheval attelé à une voiture. Les gens s'assemblèrent aussitôt autour du blessé, et on envoya quelqu'un chercher un docteur. J'ai eu l'impression que cela prenait beaucoup de temps pour que ce médecin arrive sur les lieux.

L'endroit était très bruyant. Il était habité par des gens malades, souffrant de toutes sortes d'horribles maux.

Dans la scène suivante, je me suis trouvé dans une église. J'avais une douzaine d'années. Je me sentais terriblement seul et j'avais le sentiment que mes parents étaient morts. J'avais quitté la ville et j'étais dans cette église en train de demander au pasteur si je ne pouvais pas obtenir une aide quelconque. C'était un homme maigre et pâle, l'air maladif. Il ne me donna aucun conseil, juste des platitudes bibliques. A ce moment de ma vie, j'avais la sensation que les détenteurs de l'autorité n'en savaient pas plus que moi sur quoi que ce soit.

Je me retrouvai ensuite quelques années plus tard. J'étais apprenti chez un fabricant de chaussures dans une petite ville. L'atelier était très sombre et plus bas que la rue : on y accédait par quelques marches. L'odeur du cuir me submergeait. Le savetier était un homme très heureux. Il avait un fils de douze ans qui apprenait aussi le métier et une fille qui venait parfois nous dire bonjour.

Il avait épousé une femme très gentille qui aimait nous faire à manger.

J'avançai encore dans le temps. J'étais marié avec une femme que j'avais rencontrée pendant le carnaval. Nous avions emménagé dans une autre ville et nous ouvrions notre propre magasin de chaussures. Le bourg était agréable, et j'en devins un des personnages importants.

J'allai encore plus loin et je me vis en train de souffrir abominablement. Je me voyais de loin. J'ignore de quoi je souffrais mais je voyais que ma femme était très inquiète et ne savait que faire.

Elle m'emmena chez un médecin qui ne put rien nous dire sur mon mal. Pour moi, ce médecin ressemblait au pasteur de mon enfance. C'était un homme pompeux qui savait à peine de quoi il parlait.

Quelques jours après cette visite, je me vis en train de me tenir le ventre en grimaçant de douleur. Je voyais nettement les gouttes de sueur qui coulaient sur mon visage. A l'évidence, pareille douleur était insupportable.

Je vis une scène où le médecin conseillait la chirurgie ; je savais que je n'avais pas le choix. Je me vis avec ma femme dans une charrette qui nous emmenait à l'hôpital. J'étais très malade, et la vue de l'hôpital ne me remonta pas beaucoup le moral. C'était un vaste bâtiment lugubre avec des grilles de fer forgé.

Je me retrouvai finalement dans une salle d'opération qui me parut sinistre par rapport à nos jours. Mais, à l'époque, cela ne m'inquiétait pas parce que les critères d'hygiène étaient très différents. Je me faisais beaucoup plus de souci pour ma femme et son avenir, si je mourais.

Une fois allongé sur cette table, j'ai levé les yeux et j'ai vu la blouse du médecin pleine de taches de sang. Il n'y avait pas d'anesthésie. J'étais attaché à la table, et on me disait d'être aussi calme que possible. Puis le médecin commença à m'ouvrir le ventre.

Je sentais qu'on me coupait avec un instrument plutôt grossier. J'eus horriblement mal puis je ne sentis plus rien du tout. Je sentis que j'étais hors de mon corps et je m'approchai de ma femme qui assistait à l'opération. Je ne pouvais pas communiquer avec elle. Je ne pouvais communiquer avec personne. Pour finir, je me sentis partir dans une lumière éclatante.

Il y avait plusieurs questions évidentes à se poser après une pareille régression. Un des parents de Mike était-il alcoolique, ou bien y avait-il des alcooliques dans sa famille proche ? Rejetait-il l'autorité ?

La réponse à toutes ces questions était « non ». Il n'y avait pas d'alcooliques dans sa famille. En fait, quand je l'interrogeai sur le rôle de l'alcool dans sa famille, il me répondit que ses parents ne toléraient même pas qu'il y en ait chez eux ! Personne ne buvait. C'étaient tous des méthodistes très stricts, fermement convaincus que l'alcool n'a pas sa place dans une maison.

D'après la description qu'il en donne, ses parents sont très rigides et maniaques, presque obsédés de la propreté. Le père est maire d'une petite ville et attend de son fils qu'il soit médecin ou avocat.

Mike est d'accord avec les désirs de son père et n'imagine pas de le décevoir. Sa tenue est toujours impeccable, et son comportement, très scrupuleux.

Je trouve intéressant que sa régression l'ait projeté dans un environnement sale et peu policé. C'est vraiment l'antithèse de sa vie réelle. Il y a également deux épisodes où il manifeste son mépris de l'autorité : d'abord quand il demande au pasteur de l'aider et n'en reçoit que des banalités, puis quand le médecin ne peut lui donner d'explication de sa maladie. Et il réagit ainsi en dépit de son respect pour l'autorité dans sa vie « actuelle ».

Tout cela me fit penser que Mike était en train d'examiner un mode de vie alternatif. Rien, dans cette régression, ne rappelle sa vie présente : ses parents y sont des ivrognes totalement indifférents à son sort, tandis que ses parents actuels sont sobres et autoritaires.

Etre le fils d'un homme politique met Mike sans cesse en présence de l'autorité. Or, une bonne partie de cette autorité émane d'une prise de position politique, et pas forcément d'une conscience du bien et du mal. C'est ce qui explique que Mike voit nombre des détenteurs de l'autorité comme des ignorants très convaincants.

La régression trahit aussi une difficulté de communication en montrant les problèmes que les gens ont à se joindre en l'absence du téléphone. Je pense que cela se rapporte clairement à sa propre difficulté à exprimer ses sentiments à ses parents.

Une vie de refoulement

Brooke est une femme hétérosexuelle qui, a priori, n'éprouve pas le désir d'avoir des expériences sexuelles avec d'autres femmes. Elle a un ami avec qui elle a une relation régulière et elle est heureuse de la façon dont sa vie est organisée.

Du côté familial, un père cultivé et une mère très active sur le plan social l'ont toujours encouragée à vivre pleinement. C'est pourquoi je fus tellement surpris par les résultats de sa régression.

> *J'étais une jeune femme, et je vivais dans une ferme. Je suis montée sur une butte et j'ai regardé la ferme à mes pieds. Dans la cour de devant, je voyais mes frères et sœurs. D'un côté, je sentais bien que je faisais partie des habitants de cette ferme, mais d'un autre côté, j'avais besoin de m'en aller pour explorer et connaître le monde.*
>
> *J'avançai dans le temps et je me suis retrouvée avec ma mère, mon père et les autres enfants. Mon père parlait, et je l'écoutais avidement. Je ne me souviens pas de ses mots exacts, mais je sais qu'il parlait de la nature, pratiquement avec une intonation d'adoration. Quand nous mangions, il nous disait que notre nourriture provenait de l'interaction de l'homme et de la terre. Il nous disait que le processus agricole nous permettait de manger.*
>
> *C'était un homme très religieux, presque un visionnaire.*
>
> *Ma mère, quant à elle, se remarquait à peine.*

C'était une petite silhouette de souris timide. J'avais beau essayer de toutes mes forces de la voir pendant ces régressions, je n'ai jamais réussi à en avoir une image nette. L'image la moins floue que j'ai pu en avoir me la montrait assise à l'arrière-plan en train de coudre des vêtements.

J'avançai dans le temps jusqu'à l'adolescence. J'étais dans le bureau de mon père. C'était un fermier mais aussi un grand lecteur. Il passait un nombre d'heures considérable dans son bureau avec ses livres. J'étais très intéressée par ce monde : je voulais apprendre à lire, et cela lui posait un problème. Il estimait que les filles n'ont pas besoin de s'occuper de littérature. J'aurais dû rester dans la chambre où l'on cousait pour apprendre le travail d'une mère de famille.

Cela me révoltait. J'étais une adolescente, et on ne me donnait aucune éducation intellectuelle. Pourtant, j'avais tellement envie d'entrer dans le monde des livres de mon père. Je me sentais envahie de tristesse quand je regardais tous ces livres. Je savais que je ne voulais pas qu'on m'élève dans le sillage de ma mère. Je voulais être comme mon père.

J'allai quelques années plus loin. J'étais dans une petite ville où ma famille m'avait envoyée pour devenir gouvernante. La ferme traversait des temps difficiles, et mes parents avaient dû se séparer du maximum d'enfants possible.

J'étais la gouvernante de deux enfants dont le père était un homme d'affaires qui vendait une sorte d'assurance. La femme était beaucoup plus jeune que son mari.

A cette époque de ma vie, je me sentais beaucoup

plus homme que femme. Cela entraînait de nombreux conflits intérieurs en ce qui concernait ma sexualité. Tout au fond de moi, cela me perturbait beaucoup. J'avais l'impression d'être un monstre et j'étais sûre que personne d'autre n'aurait pu éprouver les mêmes sensations que moi. J'eus ce problème d'identité sexuelle pendant toute ma vie, mais cela se concrétisa dans ma vie avec ce couple.

C'était alors que j'habitais chez eux que je découvris que je n'étais pas la seule à être attirée par le même sexe.

Un jour, nous étions dans le petit salon quand la maîtresse de maison me fit des avances. Les enfants étaient dehors et elle suggéra que nous pourrions « avoir une expérience ». Bien sûr, je me sentis tout de suite intéressée puisque je croyais que personne d'autre n'en aurait même seulement eu l'idée.

Je ne sais plus combien de temps dura notre relation mais je me souviens bien de la façon dont se termina mon séjour dans cette maison.

Un jour où j'étais restée seule avec le mari, il insinua que nous devrions mieux nous connaître. Je résistai mais il insista. Il passa son bras autour de moi et essaya de me faire asseoir sur le canapé avec lui. Cela me suffit : je fis mes bagages et je partis le jour même.

Après cela, je me sentis perdue. J'étais presque folle. J'ai erré dans la ville pendant longtemps, dans une sorte de brouillard. Je vécus dans la rue ou dans des garnis minables tant que mon argent dura.

Je finis par me dire que j'étais incapable d'affronter mon problème d'identité sexuelle. Un soir, je sortis et je sautai du haut d'un pont dans la rivière qui traversait la ville.

C'est ainsi que je suis morte.

On l'a vu, la vie de Brooke est loin d'être aussi tragique. Elle n'est pas lesbienne et se sent très proche de son ami. Ils sont ensemble depuis deux ans et ont une vie sexuelle épanouie.

Elle a beaucoup d'amies qu'elle aime bien depuis plusieurs années, mais n'a jamais désiré avoir une relation sexuelle avec elles.

Son père n'est pas fermier, mais médecin, avec un extraordinaire sens de l'humour, et il l'a toujours encouragée à poursuivre toutes sortes d'études. Sa mère joue un rôle très actif dans la communauté, c'est un pilier de l'association féminine politique locale et elle a mis en place plusieurs organismes civiques très populaires.

On peut donc se demander pourquoi Brooke s'identifie à un homme dans cette régression ?

Pourquoi a-t-elle une relation sexuelle avec une autre femme ?

Pourquoi se sent-elle tellement opprimée par son père dans cette autre vie ?

Pourquoi, toujours dans sa régression, sa mère n'a-t-elle pratiquement pas d'identité ?

Une fois encore, je pense que la régression fut une occasion d'explorer un autre mode de vie.

D'après la théorie psychiatrique, nous avons tous, hommes et femmes, des penchants homosexuels. Brooke a une vie où elle s'identifie nettement au rôle féminin. Sa régression a été son moyen de « tâter le terrain », de voir à quoi ressemble la vie pour quelqu'un qui a une personnalité opposée à la sienne.

Une vie sous un climat froid

On peut faire la même analyse en ce qui concerne Bill, un ancien pasteur qui a quitté son ministère après avoir découvert qu'il était homosexuel. Avant sa démission, il avait étudié dans les plus importants séminaires et avait commencé à monter dans la hiérarchie.

Le contenu de sa régression l'étonna beaucoup ! Il s'était retrouvé dans la vie d'un homme hétérosexuel dans une ancienne tribu indienne. Comme pour Brooke, la régression de Bill m'apparut comme un moyen d'explorer un mode de vie différent.

Je me suis retrouvé au milieu d'un désert arctique ! Je faisais partie d'une tribu esquimaude.

J'ai baissé les yeux et j'ai pu voir que je portais une parka de peaux. Mais il faisait si froid que, pendant ma régression, je sentais la morsure du gel sur mon visage.

Dans l'une des premières scènes, j'étais parti pêcher dans une petite embarcation. Je n'attrapais rien mais cela ne m'inquiétait pas trop. Je me penchai tranquillement en arrière et je m'absorbai dans la contemplation du magnifique ciel bleu, qui paraissait encore plus bleu par contraste avec le sol enneigé. J'éprouvais un profond sentiment de paix dans ce décor.

Le décor bascula, et je me retrouvai dans un village. Contrairement à ce que j'aurais attendu, nous n'habitions pas des igloos, mais des huttes, plus ou moins creusées dans le sol.

J'entrai dans ma maison. Je vis ma femme. Compte tenu de ma vie actuelle, je suis surpris d'avoir été marié dans cette autre vie. Mais pendant la régression, je n'étais pas du tout surpris. Je ressentais clairement l'amour d'un mari pour cette femme. Je veux vous la décrire. Elle me paraissait étonnamment occidentale. Elle avait de longs cheveux noirs et la peau un peu plus claire que les autres femmes de la tribu. Ses pommettes étaient plus hautes, et, surtout, elle avait des traits beaucoup plus anguleux.

Dans cette culture, tout le monde était très chaleureux et amical. Il y avait un sens de l'entraide très poussé. Nous faisions ensemble tous les travaux comme le nettoyage et nous partagions nos prises. Nous avions aussi le sens de la lutte contre la nature, que c'était nous ou elle. La nature était très belle pendant cette saison, mais nous savions tous qu'elle pouvait se montrer fort cruelle. Pour nous, se bagarrer n'avait aucun sens, quelle que fût la raison, et nous semblions tous le savoir. Cela n'aurait servi qu'à gaspiller de ce précieux temps dont nous avions tous besoin pour préparer l'hiver.

J'éprouvais ce même sentiment d'entraide profonde avec ma femme. Cette entraide nous donnait du plaisir mais elle était radicalement orientée vers la survie dans un environnement parfois très hostile. Par-dessus tout, je crois que nous comprenions tous que cela dépendait totalement de nous de survivre ou pas.

Je me vis avec ma femme dans différentes scènes. Une fois, nous étions blottis l'un contre l'autre sous des piles de fourrures pendant qu'un ouragan d'hiver faisait rage autour de la maison. C'était une tempête très violente, mais nous réussissions à avoir chaud et nous nous réjouissions en même temps d'être tous ensemble.

Dans une autre scène, nous étions occupés à assembler des peaux pour faire des vêtements. J'éprouvais une sensation de bonheur et de contentement à travailler ainsi avec ma femme, à assembler ces peaux de phoque de la meilleure façon pour faire une couverture bien chaude.

J'aimais beaucoup cette femme. C'était merveilleux d'être avec elle dans cet environnement d'une si grande beauté naturelle. Depuis cette régression, j'éprouve un profond désir de retourner en arrière pour la retrouver. Je sais que je dois trouver cette femme parce que, dans cette vie passée, nous étions certainement des âmes sœurs. Je suis aussi persuadé que nous nous retrouverons, que nous sommes destinés à nous rejoindre.

Si l'on songe à la nature physique et psychologique de l'être humain, les résultats de la régression de Bill étaient nettement moins surprenants pour moi que pour lui. Je lui fis remarquer que, même chez le plus homosexuel des hommes, il existe un minimum de curiosité pour le mode de vie hétérosexuel. L'inverse est également vrai : le plus macho des hommes s'interroge sur la vie des homosexuels. A mon sens, sa vie chez les Esquimaux était un moyen d'explorer sans risque le monde hétérosexuel.

La plongée de Bobby dans le monde sauvage

Le père de Bobby fait partie du service de renseignements de l'armée de l'air, et sa famille l'a suivi dans ses affectations tout autour du monde. Il a deux sœurs plus jeunes qui, d'après les photos qu'il m'en a montrées, sont plutôt du style sportive blonde et pleine d'entrain.

Bobby est d'une propreté maniaque, sans un cheveu qui dépasse. Il s'habille très soigneusement et se définit fièrement comme quelqu'un d'« hyper organisé ».

Je signale ces caractéristiques car, dans sa régression, Bobby semble avoir fait la paix avec l'aspect « sauvage » de la vie. Au lieu de se retrouver vêtu d'une blouse blanche de laboratoire à travailler sur « quelque chose de scientifique et de propre » comme il le pensait, il s'est trouvé dans un environnement complètement différent. Voici ce qui lui est arrivé.

J'étais dans une prairie, très haut dans les montagnes. J'étais un tout petit enfant, entre trois et cinq ans peut-être. Je marchais très lentement, comme si j'avais été en train de traquer quelque chose.

Dans cette scène, il y avait autour de moi d'autres gens à l'allure surprenante. Ils avaient des têtes plus larges, plus grosses que les gens de notre époque. Ils avaient aussi moins de poils que je m'y serais attendu chez des gens du passé qui vivaient dans un climat plus froid. Je me suis rendu compte que cela se passait à une époque très reculée, quelque part au début de l'humanité.

Nous marchions vers un abri qui surplombait la rivière. Le pré devant nous était couvert de fleurs magnifiques.

Je passai ensuite à une scène où j'étais étendu devant un abri en train d'écouter les petits bruits des insectes. Je regardai autour. Il y avait des poteaux plantés dans le sol. Au sommet de ces poteaux, il y avait des débris comme des branches d'arbres et des peaux d'animaux.

J'ai avancé dans le temps et j'ai vu un énorme animal à peau laineuse. Alors, je me suis senti paniqué. Je voulais prendre mes jambes à mon cou et fuir cette chose. Je me suis retrouvé en train de dévaler une colline, et puis j'ai glissé dans une autre scène.

Dans celle-ci, nous étions rassemblés autour d'un arbre fruitier. Nous étions une dizaine et, par rapport à ma vie actuelle, il me semblait que ces créatures pouvaient tout juste être appelées « des gens ». Nous restions plantés autour de cet arbre, à regarder le fruit accroché à sa branche au-dessus de nous. Je voulais en prendre un morceau, mais je ne l'ai pas fait. Je crois que j'attendais que quelqu'un d'autre que moi le fasse.

Il y a eu une scène où je me suis senti tomber le long de la pente de cette colline en arrachant les pierres et la terre qui retombaient tout autour de moi. J'ai roulé sur cette pente pendant ce qui m'a semblé une éternité. Quand ma chute s'est arrêtée au pied de la colline et que je suis sorti de cette espèce de stupeur qui vous saisit quand vous prenez un coup violent, je me suis retrouvé face à face avec deux de ces créatures, laides et si mal bâties. Ma chute les avait vraiment effrayées et, visiblement, elles craignaient que j'aie été blessé. Elles furent contentes de me voir me relever et bouger sans aide.

Le soir, nous nous sentions tous inquiets. Dans une scène, le chef de notre groupe n'arrêtait pas d'aller jusqu'à l'ouverture de l'abri et de jeter des coups d'œil inquiets au-dehors. Le reste du groupe restait blotti, tous les uns contre les autres, effrayés de ce qui pourrait nous attendre. J'ai eu l'impression que, dans le passé, un membre de la tribu était sorti dans l'obscurité et n'était jamais revenu. Depuis, nous croyions que l'obscurité mangeait les gens.

Dans une autre scène, j'étais très jeune et je regardais un troupeau dans une vallée en contrebas. C'étaient des animaux que nous n'avions jamais vus auparavant. Ils ressemblaient aux bisons. Je voulais rester à observer ces animaux mais le reste de la tribu n'éprouvait aucune curiosité. Ils ont simplement poursuivi leur chemin.

Le dernier jour de ma vie, je marchais mais je me sentais très mal. J'avais une forte fièvre et je ne pouvais pas suivre les autres dans leur recherche de nourriture. Pour finir, je me suis couché dans une

> *prairie. Ils m'ont soulevé et m'ont porté jusqu'à l'abri. Ils m'ont donné à manger et m'ont installé aussi confortablement que possible, mais le peu qu'ils pouvaient faire n'a servi à rien. Au cours des jours suivants, je suis devenu de plus en plus faible. Ma fièvre s'aggravait, et ma peur aussi, parce que je ne comprenais pas ce qui m'arrivait. Et puis, j'ai poussé un grand soupir et je suis mort. C'est tout.*
>
> *La dernière image que j'ai de cette vie, ce sont les membres de la tribu en train d'empiler des branches et des feuilles sur mon corps.*

Bobby était quelque peu perturbé par le contenu de son expérience. C'était pourtant très clair : cette régression lui a donné la possibilité de découvrir la vie sans contrôle, en toute liberté.

Il était content d'avoir eu cette expérience et il aimait l'idée qu'une telle « nature » se trouve quelque part au fond de lui.

Ken est une femme !

Ken est un jeune homme à l'allure très sportive ; il vit dans une grande ville et travaille dans la compagnie d'assurances familiale. Il a une vie amoureuse hétérosexuelle pleine de santé et s'identifie de toute évidence à fond avec le point de vue masculin.

Si je le précise, c'est que la régression de Ken

l'a amené dans une vie où il était une femme. Voici son histoire.

J'étais une femme dans cette régression, sans aucun doute possible.

Dans la première scène, j'étais enveloppée dans une couverture, et ma mère me portait en descendant d'une montagne à la pente abrupte. Je voyais les montagnes verdoyantes et les pics gris dans le lointain.

Nous avancions le long de la pente et nous dûmes traverser un torrent rugissant. Nous allions dans notre maison, une grande construction de pierre plate, avec un toit plat et de grandes poutres en bois. Ma mère me portait sans grandes précautions mais je n'avais pas peur. Je sentais qu'elle avait souvent suivi ce sentier, et j'avais tout à fait confiance dans la sûreté de son pas.

Malgré ce sentiment de sécurité, je pleurais pendant que nous marchions vers la maison. Ma mère avait sur le visage de grandes taches rouges qui avaient l'air horribles et me terrifiaient.

Dans cette scène, ma mère portait une robe très sombre avec des perles de couleur dans les cheveux. Mes larmes ne l'empêchaient pas d'être contente et elle chantait gaiement.

Dans une autre scène, je descendais de la montagne en courant à toute vitesse. Mon grand-père arrivait. Je le voyais monter la route qui conduisait chez nous et je voulais le rejoindre immédiatement parce qu'il avait toujours des sucreries pour moi dans les poches de son vêtement. On dirait que ce bonbon était fait avec du miel, du sucre et des noisettes, le tout roulé en boule. Quand il me le donna, je le fis sauter dans ma bouche et j'essayai de le manger d'une seule bouchée. Il se moqua de moi en me regardant me débattre avec cette grosse bouchée de bonbon collant.

Je regardai au-delà de mon grand-père et je vis mon père qui travaillait plus bas dans la vallée. J'avais l'impression qu'il n'arrêtait jamais et que son travail était payant. Les champs que l'on voyait en contrebas étaient couverts de carrés verts là où mon père les cultivait.

Je me suis vue ensuite à l'âge de douze ans. J'étais assise à côté d'un métier à tisser, et ma mère m'apprenait à tisser. Ce fut une image fugace. Puis j'avançai jusqu'à l'âge de quatorze ans et je me vis au bord d'un chemin, en train de regarder des étrangers qui étaient venus de très, très loin. J'étais fascinée par ces étrangers parce que, pour la première fois de ma vie, je me rendais compte qu'il y avait un autre monde au-delà de la vallée.

Ces hommes avaient la peau très sombre. L'un d'eux plongea la main dans une de ses poches et en sortit un peigne qu'il me donna. Ensuite, ils sortirent une machine de leurs bagages et ils la remontèrent. C'était un vieux phonographe qui faisait entendre un homme en train de chanter. Quand je l'ai entendu, je me suis écroulée sur le sol et j'ai commencé à rire sans pouvoir m'arrêter. Je riais, je riais, et je leur disais que c'était de la magie.

J'avançai dans le temps jusqu'à mon mariage. Je vis mon mariage et je sentis un grand bonheur quand on m'unit à mon mari. Nous avons dansé ensemble pour mes noces qui avaient lieu à l'exté-

rieur de la maison de ma famille dans cette merveilleuse vallée de haute montagne. Je pouvais me rendre compte que nous allions avoir une vie de paysans. Je sentais aussi, mais très vaguement, que j'aurais des enfants dans un futur proche.

J'avançai jusqu'au jour de ma mort. J'avais des boules sur tout le corps, mais surtout sous les bras et sur le ventre. Je transpirais et j'avais très chaud. Je voyais mon mari pleurer et je sentais tous mes enfants autour de moi. La dernière chose dont je me souviens fut d'essayer de consoler mon mari. Il était écrasé de chagrin à l'idée de devoir continuer à vivre sans moi.

De quoi était-il question, cette fois ? Je dois reconnaître que, pour moi, c'était un mystère ! Il n'y avait dans cette régression aucun contenu ou conflit sexuel susceptible de faire penser que Ken se débattait avec un problème d'identité sexuelle. Au contraire, c'était une vie douce et agréable, dépourvue de la violence et de l'insatisfaction que l'on retrouve dans nombre de régressions.

Je ne pus donc que conclure que Ken explorait des sentiments différents. Il fut d'accord avec moi. Après cette expérience, il reconnut sans hésitation qu'il se sentait très curieux de ce que pouvait ressentir l'autre sexe. Il ajouta qu'il n'était peut-être pas si étonné d'être une femme dans cette régression.

En revanche, le contexte dans lequel se déroulait cette vie l'intriguait beaucoup. Pourquoi s'était-il retrouvé dans une communauté montagnarde ?

Cela lui semblait beaucoup plus bizarre que d'avoir été une femme.

Mais c'était comme ça !

Chet, le bandit de grands chemins

Le père de Chet est professeur de littérature dans une faculté du sud des Etats-Unis. Son grand-père possède littéralement la ville où il habite. Chet n'a eu qu'une seule fois des problèmes avec la loi, alors qu'il terminait le lycée : il avait été arrêté avec plusieurs de ses camarades pour avoir consommé de l'alcool avant l'âge légal.

Chet est un homme sportif et cultivé qui lit plusieurs livres par mois.

Alors que la plupart des gens n'ont aucune idée du pays où les emmène leur régression, Chet se rendit compte immédiatement qu'il était en Angleterre et exerçait la profession de bandit de grands chemins. Il lui sembla qu'il avait environ quinze ans et qu'il se débrouillait déjà très bien dans le métier qu'il s'était choisi.

> *J'ai pu voir plusieurs scènes où j'arrêtais des gens pour leur prendre leur argent.*
>
> *Une fois, par exemple, j'ai jailli des buissons devant un joyeux luron bien gras, qui chevauchait dans la campagne. Au début, cela l'a fait rire de voir un si jeune garçon s'entraîner à dévaliser les passants. Mais il m'a vu armer mon pistolet, il s'est rendu compte que je ne plaisantais pas. Tout en*

gardant un bras en l'air, il a pris sa bourse dans la poche de son manteau. Je lui ai ordonné de la jeter sur le sol et de s'en aller.

Une autre fois, je m'en étais pris à une voiture où se trouvaient deux très jolies femmes. J'arrêtai les chevaux et je dis à l'homme qui tenait les rênes que je le tuerais si les dames ne me donnaient pas leurs bijoux. Elles commencèrent à plaisanter en disant que peut-être cela ne valait pas la peine de perdre leurs bijoux pour cela. Elles me demandèrent si elles pouvaient y réfléchir un moment. L'homme les supplia de ne pas discuter, si bien qu'elles finirent par prendre la mouche ; elles défirent leurs colliers et les jetèrent sur la route. Je les laissai alors s'en aller.

Il se produisit une scène très violente quand j'avais environ vingt-trois ans. J'arrêtai un carrosse en ordonnant que tout le monde descende et s'aligne sur la route. Un des hommes proclama qu'il ne me donnerait rien, même si je le tuais. Je le bousculai et, quand je m'aperçus qu'il ne céderait pas, je le frappai sur la tête avec la crosse de mon pistolet.

J'avais sans doute cogné très fort car il s'écroula, et le sang se mit à couler de sa blessure, épais et abondant. Ce spectacle me rendit malade, et je m'enfuis de la scène du drame pour me cacher dans la forêt où je vomis.

Après cette scène, j'avais l'impression que le cœur n'y était plus et que je n'aimais plus mon métier.

Dans la scène suivante, j'étais à Londres, et on allait me pendre. Ce qu'il y a d'étonnant dans cette scène-là, c'est que la foule m'acclamait pendant qu'on me conduisait au gibet. J'essayais de me montrer courageux mais l'approche de la mort me terrifiait. J'étais au pied de la potence et j'ai pleuré quand ils m'ont passé le nœud coulant autour du cou. Après, je ne me souviens de rien.

Personne, dans la famille de Chet, n'a jamais eu de problème avec la justice ni manifesté les dispositions révélées par cette régression. Après une longue discussion, nous avons conclu que c'était, pour Chet, un moyen de découvrir autre chose.

Il me confia qu'il s'était toujours demandé à quoi ressemblait la vie de l'autre côté de la barrière, hors la loi. C'était plus qu'une curiosité inconsciente, chez lui. Il avait souvent pensé à ce qui pouvait se passer dans l'esprit d'un criminel.

Pourtant, comme dans le cas de Ken, c'était moins le mode de vie de la régression que son contexte qui le surprenait. Pourquoi l'Angleterre à une époque qui était vraisemblablement le XVIIe ou le XVIIIe siècle ? Pour Chet, c'était là le véritable mystère.

L'esprit fait ses courses au marché des personnalités

Tous ces exemples, et bien d'autres, m'ont convaincu que notre esprit possède un mécanisme qui nous aide à explorer différentes possibilités.

Je sais que ce mécanisme existe car, de temps

en temps, j'envoie l'un ou l'autre de mes clients névrosés « faire son marché à la foire aux personnalités ». S'ils n'aiment pas leur façon d'être, je leur propose d'aller « pêcher » des traits de caractère dans d'autres personnalités et, éventuellement, de les intégrer à leur propre personnalité.

Dans la mesure où ils réussissent à le faire en toute franchise et sans chercher à prendre d'autres comportements névrotiques, j'estime que c'est une bonne chose.

D'ailleurs, nous faisons cela dans l'enfance. Nous empruntons certaines qualités à nos parents, à nos frères et sœurs, et à nos amis. Parfois, ces emprunts nous posent des problèmes à un âge plus avancé. Par exemple, les enfants copient souvent les traits de caractère qu'ils n'aiment pas chez leurs parents. Le vieux proverbe d'après lequel « on devient ce que l'on déteste le plus » s'applique très bien à la façon dont les enfants copient leurs parents.

Dans la perspective adulte, plus mûre, nous pouvons acquérir les caractéristiques désirées plus consciemment. En le faisant par choix délibéré, nous pouvons nous rendre plus heureux et contents de vivre.

Par exemple, à une époque, j'avais en thérapie une femme qui manquait de personnalité. Elle venait d'une famille nombreuse où l'on ne cherchait pas à mettre en valeur la personnalité de chacun. Le résultat était là : elle était terne.

Ne pas savoir qui elle était l'angoissait beaucoup. La première fois que je la reçus, ses ongles étaient rongés au sang. Elle exprima immédiatement sa colère contre sa famille, disant qu'elle n'avait pas d'amis et qu'au fond elle n'aimait personne. J'estimais que cette attitude en révélait plus sur ses sentiments à l'égard d'elle-même que sur ce qu'elle ressentait à l'égard de son milieu.

Je lui dis simplement d'aller faire son « marché à la personnalité ». Puisqu'elle vivait à l'époque dans une cité universitaire, je lui suggérai de commencer d'abord par là. Elle vivait au milieu de gens séduisants : elle n'avait qu'à choisir les traits de personnalité qui lui plaisaient.

Cette forme de thérapie marcha très bien pour elle. A chaque séance, elle venait avec une nouvelle trouvaille. Le résultat final fut la découverte d'un nouveau bonheur de vivre car elle pouvait maintenant devenir une personne dotée d'une personnalité.

Les régressions dans les vies antérieures peuvent représenter ce genre de « marché ». Cela permet à certaines personnes de découvrir d'autres rôles, d'autres sentiments, d'autres façons d'être, mais sans manifester un comportement radicalement différent. Quoi que soient les régressions dans les vies antérieures, elles nous aident à étudier sans risque ce que nous pourrions être.

7

Seraient-ce des souvenirs oubliés ?

Parmi les hypothèses qui reviennent le plus souvent pour expliquer les expériences de vies antérieures, il faut citer la cryptomnésie et la xénoglossie.

Si ces deux phénomènes expliquent l'imagerie et les souvenirs de certaines régressions, ils ne sont en fait qu'une façon simple de se débarrasser du problème sans le résoudre. En réalité, je n'ai trouvé que très peu de cas où ils puissent tout expliquer.

Ils méritent néanmoins qu'on s'y arrête ici dans la mesure où, bien que dans une infime proportion, ils interviennent dans le phénomène des vies antérieures.

La cryptomnésie

Elle consiste à se souvenir de quelque chose qui est profondément enfoui dans la mémoire.

Quand ce type d'information émerge, c'est en général sous la forme d'un produit créatif. Autrement dit, on croit que c'est une création originale et non issue de la mémoire.

On trouvera une excellente description de la cryptomnésie dans l'ouvrage de Melvin Harris, *Investigating the Unexplained* (Promethius Books, Buffalo, NY 1986). Il définit les régressions dans les vies antérieures comme de « passionnants exemples de cryptomnésie » (définition avec laquelle je ne suis pas d'accord). Voici comment il justifie son analyse :

> Pour comprendre ce qu'est la cryptomnésie, il faut d'abord considérer l'inconscient comme un immense entrepôt mental d'informations. Ces informations proviennent de livres, de journaux et de magazines. De conférences, d'émissions de télévision et de radio. De l'observation directe et même de fragments de conversation saisis par hasard.
>
> Dans les conditions de la vie quotidienne, la plupart de ces informations ne peuvent être retrouvées par la mémoire normale. En revanche, il y a des moments où nous retrouvons spontanément des fragments de ces souvenirs cachés. Certains de ces souvenirs se manifestent sous des formes d'autant plus surprenantes que leur origine est oubliée. C'est ce que l'on appelle la cryptomnésie à proprement parler.
>
> Comme on a oublié leur provenance, ces informations peuvent paraître dépourvues de toute

existence antérieure et passer pour une création récente.

La défunte Helen Keller fut cruellement trompée par un de ces caprices de la cryptomnésie. En 1892, elle écrivit un conte charmant intitulé *The Frost King,* qui fut publié et applaudi. Malheureusement, quelques mois plus tard, on s'aperçut que l'œuvre originale de Keller n'était qu'une version modifiée de l'histoire de Margaret Canby *The Frost Fairies,* publiée 29 ans plus tôt.

Helen Keller n'avait aucun souvenir conscient d'avoir même seulement entendu parler de ce titre. Elle était aveugle et sourde, et dépendait complètement des autres pour ce qu'elle pouvait apprendre. En fait, les recherches révélèrent qu'une amie lui avait fait la lecture par le toucher d'une sélection des histoires de Ms. Canby en 1888. *The Frost Fairies* en faisait partie.

Quand l'affaire fut rendue publique, ce fut un drame pour Helen. Elle écrivit : « Toute joie a quitté mon cœur. Je me suis déshonorée. Pourtant, je me demande comment cela a pu arriver. Je me suis torturé l'esprit en cherchant à me souvenir d'avoir lu quoi que ce soit à propos de *The Frost Fairies* avant d'avoir écrit *The Frost King*. Mais je n'ai pu me souvenir de rien. »

D'autres auteurs ont été piégés de la même façon, comme Samuel Rosenberg en a témoigné. Rosenberg travaillait pour la Warner Brothers comme conseiller littéraire sur les cas de plagiat. Il se souvient du bon conseil que lui donna son directeur juridique : « Ne vous laissez pas abuser par les ressemblances parfois ahurissantes que vous trouverez entre deux films, n'importe lesquels, deux pièces de théâtre, deux livres, deux histoires ou deux scénarios.

« Au cours des 25 dernières années, nous avons fait des centaines de comparaisons de ce genre pour préparer un procès. Or, dans de très nombreux cas, nous nous sommes aperçus que les deux auteurs en litige — chacun persuadé d'être un honnête auteur aux prises avec un voleur d'idées — avaient tous les deux trouvé leurs intrigues, leurs idées ou des scènes de leurs œuvres dans la littérature classique, dans la Bible ou dans un conte pour enfants oublié depuis longtemps. »

De la même façon, des productions de l'écriture automatique, dictées en principe par des esprits désincarnés, ont pu être rapprochées d'œuvres publiées. Par exemple, l'étude des prétendues « communications » d'Oscar Wilde dans la fin des années 1920 a peu à peu montré qu'elles dérivaient de nombreuses sources écrites, y compris des œuvres de Wilde lui-même.

Je suis en partie d'accord avec cette déclaration. Nombre des cas les plus élaborés, où une personne se souvient avec force détails d'une culture disparue, peuvent être reliés à ce phénomène. J'ai moi-même rencontré quelques cas de ce type dans ma clientèle.

Pourtant, je ne pense pas que cela suffise à expliquer les images de toute régression. Je l'ai dit, il y a bien plus de cas où la cryptomnésie n'explique rien que de cas qu'elle permet d'éclaircir. A titre d'exemple, je voudrais présenter ici deux cas de cryptomnésie tirés de mes propres dossiers.

L'Indien en 8 mm

Ted était psychologue dans une petite ville du Sud. Par curiosité, il voulut faire une régression sous hypnose. Il fut surpris d'obtenir une plongée très vivante dans une autre vie où il faisait partie d'une ancienne tribu indienne du Sud-Ouest. On trouvera ici d'abord le récit de sa régression, ensuite la découverte de ce qu'elle devait à la cryptomnésie.

> Je me suis trouvé entouré de constructions en pierre. Il n'y avait personne d'autre que moi, mais les maisons avaient l'air relativement récentes et habitées.
>
> J'ai commencé à marcher dans le village. Il y avait des bâtiments ronds dont je savais d'instinct que c'était des lieux de culte. Ils étaient ronds avec un sol surbaissé et des fenêtres placées de telle sorte que la lumière entrait en rayons majestueux. J'examinai toute la pièce puis je continuai la visite.
>
> Il y a eu une scène où je passais sous une porte en m'accroupissant pour entrer dans une pièce. C'était une habitation. Il y en avait d'autres au-dessus de nous et de chaque côté. J'avais l'impression que c'était mon foyer, que je vivais là.
>
> A un autre moment, je me tenais sur un monticule au milieu du village. Je regardais les montagnes autour de moi, les collines verdoyantes et

> les vallées qui s'étendaient dans ce lumineux paysage du Sud-Ouest. Je me sentais très libre et j'avais vraiment l'impression d'être chez moi.

Ted fut stupéfait par son expérience. Il n'avait certes pas imaginé arriver à cela et ne savait vraiment pas quoi en penser. Pourquoi un Indien ? Pourquoi un aperçu d'une vie passée qui n'avait apparemment pas d'autre sens que de montrer des images ? Ted était très perplexe.

Il découvrit par hasard l'origine de sa « vie antérieure ». Un jour où il était allé chez ses parents, sa mère voulut revoir quelques-uns des vieux films familiaux qu'elle avait retrouvés dans un débarras.

Quand toute la famille fut installée pour revoir les vieux 8 mm tout rayés, Ted découvrit qu'il regardait le film de sa régression ! Il s'était simplement souvenu d'un film pris dans les ruines d'un site indien lors d'un voyage en voiture quand il était encore petit.

« Tout y était. La pièce ronde destinée aux cérémonies religieuses, l'habitation, les montagnes dans le lointain, tout était comme je l'avais vu. »

Le retour de Mark Twain

Un autre client s'est retrouvé dans la peau de Mark Twain au cours de sa régression. Cela n'avait rien d'étonnant pour son entourage qui lui faisait souvent remarquer à quel point son humour ressemblait à celui de Mark Twain. Mon patient fut néanmoins surpris car, pour autant qu'il s'en souvînt, il n'avait jamais rien lu de Twain ni même vu un des films adaptés de son œuvre.

On lui signalait souvent les nombreuses ressemblances entre sa vie et celle du grand écrivain. Par exemple, il adorait s'asseoir sous le porche et se balancer dans un rocking-chair. Mon client aimait cela depuis sa toute petite enfance et ne s'en était jamais lassé. Mark Twain avait le même amour des rocking-chairs.

Il aimait également s'asseoir sous le porche et écouter des gens raconter des histoires. Il cherchait toujours à amener les gens à lui raconter quelque chose. Mark Twain avait la même passion pour les histoires.

Mon client se souvenait aussi d'un incident traumatisant de l'enfance qui ressemblait beaucoup à ce qui était arrivé à Mark Twain. Son oncle était entré dans la maison en parlant d'un homme qui était mort à la prison locale. Il s'était soûlé — une infraction susceptible d'emprisonnement dans la jeunesse de cet homme — et avait été mis derrière les barreaux pour la nuit. Pendant la nuit, la prison prit feu, et il mourut dans l'incendie.

Mon patient me raconta que, à peine avait-il entendu cela, il se mit à pleurer. Pour une raison inconnue, il se sentait coupable de la mort de cet homme, et ses larmes provenaient d'un intense sentiment de culpabilité.

Il ne savait pas que Twain s'était senti responsable d'un incident similaire où un jeune homme était mort dans l'incendie d'une prison.

A un moment de sa vie, mon client avait voulu acheter une ferme en Virginie. Près de la maison, il y avait une colline qui l'inspirait tellement qu'il voulut faire venir un architecte et lui commander les plans d'un bâtiment octogonal qui lui servirait de bureau au sommet de cette colline. Ce n'est que récemment qu'il a appris que Twain avait travaillé dans une pièce octogonale d'allure très semblable, chez lui dans le Connecticut.

Une autre fois, mon client était en train de passer sur un pont dans un des Etats du Sud profond. Il se pencha pour regarder le fleuve et eut un flash soudain où il *était* Mark Twain en train de descendre ce fleuve sur un bateau à aubes.

Médecin de profession, il était aussi l'auteur de récits humoristiques. Souvent, après avoir fini une histoire, il s'apercevait que la trame imitait celle d'une œuvre de Twain. Par exemple, une de ses œuvres mettait en scène des frères siamois, sujet qui avait fasciné Mark Twain.

Ce client se souvenait aussi de s'être pris de passion pour l'astronomie dès ses premières années, s'accrochant à quiconque pouvait lui parler des cieux. Les comètes le fascinaient tout particulièrement. Il suivait très souvent sa grand-mère pendant des heures en lui demandant de lui parler de la comète de Halley. Twain était également passionné par l'astronomie et, plus précisément, par la comète de Halley. Il avait même prédit avec exactitude qu'il mourrait quand se reproduirait un certain phénomène astrologique.

Je fis faire une régression à ce médecin en lui demandant de revenir au moment de sa dernière vie antérieure. Là, devant moi, il « devint » Mark Twain. J'avoue que j'avais vraiment l'impression d'être avec l'écrivain disparu ou, du moins, avec un double très convaincant.

Etait-ce un cas de réincarnation ?

La suite des événements nous apprit que non. Mon client avait dû lire une bonne partie de l'œuvre de Mark Twain quand il était au lycée. Le fait qu'on l'y ait obligé l'avait sans doute fortement traumatisé car il avait complètement oublié qu'il avait dû, bon gré mal gré, étudier cet auteur. Cela ne l'avait pas empêché de pêcher inconsciemment dans sa mémoire tous les éléments dont il avait besoin, et de se souvenir de l'essentiel des œuvres en question et de la vie de l'écrivain pendant sa régression.

C'est vrai que la réalité dépasse la fiction !

La xénoglossie

Au cours des régressions, il arrive parfois que les gens se mettent à parler dans une langue « différente ». Parfois, on peut les comprendre, comme dans le cas où la personne se met à parler français ou allemand. Parfois, on ne peut pas, soit parce que c'est une langue qu'on ignore, soit parce que ce ne sont que des « bredouillis » qui ressemblent à un langage.

La façon dont cela se produit est un mystère. Pour certains chercheurs, il faut que la personne ait entendu la langue en question à un moment ou à un autre de son existence ; si ce n'est par des cours scolaires, cela peut être par une émission de radio, ou même à une table voisine dans un restaurant.

S'il s'agit d'une langue incompréhensible mais dotée de structures, les thérapeutes les plus traditionalistes diront que le sujet « parle en langues », ce qui est souvent défini comme la production de sons inintelligibles sous l'influence d'une exaltation religieuse ou mystique. Certains thérapeutes par les vies antérieures diraient que le sujet parle une langue « morte ».

La xénoglossie n'est pas rare dans les régressions. De temps en temps, on a des gens qui parlent en « langues » ou une langue « morte » ou même en français. Quand cela se produit, si le thérapeute ne se laisse pas impressionner et demande en général à son client de traduire ce qu'il vient de dire, cela incite le plus souvent les gens à reprendre leur langue maternelle.

Un des exemples de xénoglossie les plus curieux dont j'aie jamais entendu parler dans le milieu de la thérapie par les vies antérieures fait partie des cas d'un hypnothérapeute qui désire garder l'anonymat.

Il vivait à l'époque dans le Sud-Ouest, et un

artiste indien coté lui demanda de faire une régression. Or, quand cet artiste se retrouva dans une autre vie, il commença à parler couramment en français ! Le thérapeute avait assez d'expérience pour savoir quoi faire : il demanda à son client de traduire ce qu'il disait et, avec un fort accent français, celui-ci se mit à raconter sa vie passée à Paris.

Il expliqua avec force détails qu'il était un compositeur sans aucune audience ; il travaillait toute la journée sur ses partitions et passait ses tristes soirées dans les cafés parisiens.

Il put raconter sa vie entière au thérapeute, du début jusqu'à la fin. A tout moment, il se montra capable de revenir au français si le thérapeute le lui demandait.

L'hypnothérapeute ne put découvrir aucune occasion où son client aurait entendu quelqu'un parler français. Les gens convaincus verront ici un authentique cas de réincarnation. Les sceptiques parleront au moins de xénoglossie.

Ce thérapeute a réussi à trouver, dans une librairie spécialisée, le nom du compositeur évoqué dans la régression et des commentaires de son œuvre. Les éléments ainsi rassemblés correspondaient exactement à ce qu'avait « dit » le compositeur pendant la régression, qu'il n'était qu'un compositeur de moindre importance, auteur de musiques médiocres. Encore une fois, il est impossible de déterminer s'il s'agit d'un cas de réincarnation ou de cryptomnésie.

Paul Hansen, spécialiste réputé de la thérapie par les vies antérieures, a rencontré plusieurs cas de xénoglossie dans sa pratique. Si la langue parlée par son client fait partie de celles qu'il connaît (c'est un thérapeute polyglotte !), Hansen lui répond dans la même langue. Le plus souvent, ses clients continuent alors le dialogue dans cette même langue étrangère.

Hansen, comme la plupart des thérapeutes par les vies antérieures avec qui j'ai parlé, pense qu'il y a « parfois » des exemples de réincarnation, mais que ce n'est certainement pas toujours le cas. Le plus souvent, le contact du client avec la langue qu'il a utilisée pendant sa régression peut être ramené à la mémoire au cours de la thérapie qui suit la régression. A la suite de quoi, on peut aisément classer l'expérience dans l'une des deux catégories possibles : xénoglossie ou « autres »...

Le sommeil hypnagogique

Un autre état de conscience auquel on attribue souvent les régressions est la phase hypnagogique du sommeil, qui se produit au moment où l'on passe de l'état d'éveil au sommeil.

On l'appelle aussi phase d'endormissement, un état où l'on n'est pas complètement éveillé ni complètement endormi. Les hallucinations qui se produisent alors sont différentes du rêve. Le rêveur participe aux événements comme s'il en était réellement l'acteur. Dans les hallucinations hypnagogiques, le sujet assiste aux images qui lui sont servies par son inconscient tout en restant, en principe, conscient de son environnement réel.

Un important pourcentage de la population fait l'expérience d'une imagerie très vivante au moment de s'endormir. Cela se manifeste parfois par des images colorées, parfois par des perceptions surréalistement déformées. Dans d'autres cas, l'imagerie hypnagogique prend la forme de scénarios où l'on voit des scènes variées et des personnages se livrant à diverses activités.

Par exemple, Patty, une de mes clientes, eut une régression très nette et inattendue où elle était un prêtre du Japon médiéval. Elle eut son expérience en regardant dans une boule de cristal, ce qui offre le plus sûr moyen d'entrer en phase hypnagogique. Voici le récit de ce qu'a vu Patty.

> *J'ai vu un groupe de maisons au pied d'un mont sous lequel coulait une rivière. Je savais, par l'aspect des bâtiments, que j'étais au Japon.*
>
> *Dans cette vie, j'étais un homme. Dans la première image que j'en eus, j'avais environ quarante ans. Je travaillais à une sorte de manuscrit, ce qui m'a fait penser que j'étais un des prêtres de la ville.*
>
> *A un moment, je marchais sur une route avec deux hommes plus jeunes, habillés en moines. Ils m'encadraient. Nous marchions sur une très belle route, bordée d'arbres majestueux et élégants. Pen-*

dant que je regardais dans la boule, je voyais vraiment les arbres défiler comme si j'avais été en train de regarder une télévision en relief.

La scène suivante n'était pas aussi agréable. Je vis la ville où je vivais dévastée par un incendie. Tout brûlait. Je voyais les flammes monter vers le ciel tandis que les gens couraient en pleurant. Je me sentais triste pour eux mais, de mon point de vue, je savais que la vie reprendrait.

N'empêche, je me sentais triste. Quand l'incendie fut éteint, j'ai dû m'occuper de beaucoup de gens désespérés d'avoir tout perdu. En regardant cette scène, j'éprouvais un profond besoin d'en apprendre plus sur l'art d'aider les gens à surmonter les catastrophes et les désastres de leurs vies. Dans cette vie de prêtre, je ne savais pas vraiment comment aider les gens blessés par la réalité.

A ce moment, je fus projetée vers les derniers moments de ma vie. J'étais allongé dans une maison ; les membres de la communauté m'entouraient. J'étais un vieil homme. Je m'élevai dans les airs et, en regardant en dessous de moi, je vis que j'avais une énorme enflure au côté droit du ventre. Je ne sais pas ce que c'était mais je me sentais terriblement faible et je délirais.

Pendant que je mourais, j'ai repensé à toute ma vie avec tendresse. C'était une vie de paix et de chaleur humaine.

Cette expérience entre pleinement dans la définition des hallucinations hypnagogiques. D'abord, les images que Patty voyait dans la boule de cristal étaient anormalement claires. Par la suite, elle me dit que plusieurs des scènes étaient très lumineuses, presque brillantes.

Chez certains, les hallucinations hypnagogiques prennent l'aspect de tableaux ou de structures qui se transforment sans arrêt et très rapidement. D'autres voient des scènes qui se succèdent très vite, un peu comme s'ils regardaient des diapositives avec un projecteur automatique. Enfin, il y a ceux qui voient des visages horribles et des démons mais, la plupart du temps, sans en avoir peur.

D'où viennent ces images ?

Quand nous nous endormons, nous sommes à un niveau d'imagerie qui semble fonctionner en permanence.

Les états hypnagogiques sont liés à la créativité. Certains des plus grands génies créatifs du monde ont appris à utiliser cet état pour faciliter la solution d'une difficulté. Ils ferment les yeux et se relaxent, tout simplement, et les images arrivent.

Le chimiste Kekule est un exemple célèbre de ce processus. Il cherchait la structure du benzène, un composé organique ; c'était encore un mystère car personne n'avait pu établir comment étaient réparties les liaisons entre ses six atomes de carbone.

Un soir, alors qu'il réfléchissait au problème, il s'assoupit dans un confortable fauteuil de son salon et glissa dans un état hypnagogique. Alors qu'il regardait devant lui, il vit des images où des espèces de serpents se tordaient dans les airs. Ces serpents allaient d'abord tout droit puis se courbaient et formaient un cercle, chaque serpent mordant la queue de celui qui le précédait.

Cela donna à Kekule l'idée que le benzène avait la forme d'un anneau.

Thomas Edison utilisait aussi ce processus pour trouver des idées. Dans son entourage, tout le monde savait que, quand il « séchait » sur un problème, il allait faire une petite sieste dans son bureau. Il avait un fauteuil qu'il pouvait incliner et se mettait alors dans cet état hypnagogique où il trouvait la solution voulue.

Une des difficultés du procédé réside dans la facilité avec laquelle on glisse du stade hypnagogique au sommeil. Une fois endormi, on oublie les images que l'on a pu voir. Pour remédier à cet inconvénient, Edison avait mis au point un système qui le réveillait au moment critique. Il tenait une bille d'acier dans chaque main et, de chaque côté de son fauteuil, une bassine en métal. Quand il commençait à glisser dans le sommeil, ses mains se détendaient et les billes tombaient dans les bassines. Le bruit le réveillait, et, souvent, il avait la solution cherchée.

Je pense volontiers que l'imagerie des régressions dans les vies antérieures provient parfois de ce stade hypnagogique. Quand on se trouve à ce stade, les images sont fréquemment très colorées, très complexes. J'ai le sentiment que c'est à cet état que conduit souvent la régression sous hypnose, en particulier quand on se sert d'une boule de cristal.

Des réponses, mais encore plus de questions

Tout cela est bel et bon, mais ces trois phénomènes — cryptomnésie, xénoglossie et hypnagogie — donnent-ils vraiment la clef de l'origine des vies antérieures retrouvées sous régression ? Je ne le crois pas. Ils aident à éclaircir certaines des caractéristiques inhérentes aux investigations dans les vies antérieures, mais on ne les constate que dans un très petit pourcentage de ces expériences.

Ils expliquent toutefois certains aspects du mystère des vies antérieures.

8

Nos vies antérieures empruntent-elles à notre mythologie personnelle ?

Certains travaux de psychologie montrent que chaque individu vit un mythe qui lui est propre. Un peu comme un acteur qui assume différents rôles sur scène, nous sommes des acteurs dans la pièce de la vie.

Nombre de chercheurs ont constaté que ces mythes individuels sont si proches des anciens mythes grecs qu'on peut leur donner le même nom. Il y a, par exemple, des gens dont la vie, telle qu'ils la décrivent eux-mêmes, ressemble beaucoup à celle d'Athéna, la sage déesse des travaux féminins qui agit souvent comme pacificatrice (description qui correspond très bien à plusieurs femmes de ma connaissance). On peut aussi trouver de nombreux apollons qui, compte tenu de la façon dont ils parlent d'eux-mêmes, endossent un rôle de prophète et de poète. Ces mythes individuels aident à façonner la vie d'une personne en lui facilitant la compréhension de ses buts et de ses désirs.

Quoique ces chercheurs n'aient pas étudié le

cas particulier des régressions, je pense que la thèse du mythe personnel est bien illustrée par de nombreuses régressions, en particulier si l'on ne croit pas à la réincarnation. Les histoires et les images dont se composent ces régressions peuvent être des métaphores de la façon dont les gens se voient. Correctement analysées, elles peuvent aider le thérapeute à comprendre son client et le client à se comprendre lui-même.

Les mythes sont tous identiques

Feu le mythologue Joseph Campbell avait montré que l'on retrouve les mêmes personnages de base dans les mythes de cultures du monde entier, de la Grèce antique aux Indiens Navajos. Ces personnages universels apparaissent même dans les films actuels. Campbell soulignait, par exemple, que le roi Arthur des chevaliers de la Table ronde vit toujours sous les traits de Luke Skywalker dans *La Guerre des étoiles*. Hercule a ressuscité sous le nom de « Rambo » et Aphrodite n'est autre que la ravissante sirène de *Splash*[1].

Comme Campbell l'a écrit dans son célèbre

1. Film produit par les studios Walt Disney en 1984, où un jeune homme romantique est sauvé de la noyade par une sirène. Ils se retrouvent à New York, et c'est le coup de foudre (*N.d.T.*)

ouvrage *The Hero With 1 000 Faces :* « La dernière incarnation d'Œdipe, les nouveaux héros de la Belle et la Bête se trouvent cet après-midi au coin de la 42e Rue et de la Cinquième Avenue, attendant que le feu passe au vert. » Il veut dire par là, bien sûr, que les héros des mythes sont partout, revivant sans cesse sous des formes légèrement différentes.

Cela veut dire aussi qu'ils vivent en chacun de nous.

Le Dr Dan McAdams de l'université Loyola de Chicago teste l'inconscient des gens en leur demandant de raconter leur vie à leur façon dans des séances de deux heures. Cela lui permet de les évaluer en se concentrant sur les principaux événements et sur les personnages clefs qui traversent leur existence.

Une fois ces récits recueillis, McAdams et son équipe analysent la transcription des enregistrements en cherchant à repérer les thèmes récurrents dans chacun de ces récits. Le procédé permet de définir quel est le personnage mythologique sur lequel est axée la vie de la personne. Les psychologues jungiens appellent cela l'*archétype*. McAdams, lui, a choisi de reprendre le terme d'*imago*.

McAdams reconnaît qu'il pourrait utiliser les personnages mythiques de nombreuses cultures (y compris la culture hollywoodienne), mais il a choisi ceux de la mythologie grecque parce que ce sont les plus familiers. Voici les imagos ou archétypes qu'il utilise, avec leur définition :

Apollon, le guérisseur : prophète, artiste, protecteur, organisateur, législateur.

Athéna, la conseillère : arbitre, thérapeute, enseignante, guide, pacificatrice.

Prométhée, l'humaniste : défenseur des faibles, révolutionnaire, évangéliste.

Zeus, le chef : juge, conquérant, séducteur, créateur, sage, célébrité.

Hermès, le voyageur rapide : explorateur, aventurier, escroc, beau parleur, joueur, entrepreneur.

Arès, le guerrier : combattant, soldat, policier.

Déméter, la protectrice : altruiste, martyre.

Héra, l'amie loyale : épouse, soutien, camarade, confidente, compagne, assistante.

Aphrodite, l'amoureuse : charmeuse, séductrice.

Hestia, la gardienne du foyer : domestique, attachée aux rites.

Héphaïstos, le salarié : artisan, ouvrier.

Dionysos, le jouisseur : amateur de plaisir, hédoniste, joueur, épicurien, enfant.

D'après McAdams, ces archétypes s'installent au début de l'âge adulte et évoluent au fil des ans. Un individu peut s'identifier à un guerrier ou à une amoureuse au début de sa vie puis évoluer vers un personnage d'épouse ou de camarade. Ces archétypes changent au fur et à mesure que les gens éprouvent le besoin de réorganiser leur vie selon d'autres principes. Un joueur d'une équipe universitaire de football, par exemple, peut s'identifier à Arès, le guerrier. Cela ne l'empêchera pas, une fois marié et père de famille, de s'identifier à Héphaïstos, le travailleur salarié. De même, une Aphrodite (la séductrice), peut devenir une Hestia (la gardienne du foyer) en se mariant.

Le Dr McAdams ne s'est pas occupé de sujets ayant vécu des régressions sous hypnose, mais j'ai trouvé que les expériences de vies antérieures de beaucoup de mes patients rappelaient les héros de la mythologie grecque. Si l'on part du principe que ces régressions ne révèlent pas des vies antérieures authentiques, ces expériences servent probablement à enraciner ces personnages dans l'inconscient. Elles confirment aussi à l'inconscient certains traits de caractère.

J'ai constaté que les images et les scénarios des régressions peuvent se transformer avec le temps. Un sujet peut toujours retrouver une vie antérieure précise, mais il peut aussi en découvrir de nouvelles au fur et à mesure de son évolution personnelle.

Une de mes clientes était tout à fait du type Dionysos, amateur de plaisir, tant dans sa vie actuelle qu'à l'époque où elle fréquentait l'université. Quand elle se maria et prit un travail régulier, elle devint beaucoup plus proche du modèle épouse-compagne, dans sa vie réelle comme dans ses régressions. Elle devenait une Héra.

Dans ses premières expériences de régression, cette cliente était une danseuse aux mœurs très libres quelque part dans l'Europe du XIXe siècle. Dans ses régressions plus récentes, elle était une marchande très prospère qui travaillait avec son mari en Irlande.

Un Icare moderne

Un de mes cas préférés de relation entre la mythologie et les régressions concerne un travailleur social reconverti en chauffeur de poids lourds. Au cours de sa régression, c'était un homme obsédé à l'idée de faire voler l'homme. A quelques détails près, son récit est une réminiscence du mythe d'Icare, qui tenta de s'évader de prison en volant avec des ailes de cire. Mais il voulut trop s'approcher du soleil, la cire qui tenait ses ailes fondit et il chut dans la mer où il se noya.

Mon client se sentait, lui aussi, prisonnier de sa vie actuelle, mais les murs de sa prison n'étaient pas de pierre : c'était une situation professionnelle pénible et un mariage raté. Il voulait échapper à ce sentiment d'échec et retrouver l'estime de lui-même.

Tous ces sentiments s'exprimèrent dans sa régression sous une forme métaphorique et mythologique.

> *Je me trouvais dans le bureau d'une demeure somptueuse. C'était au Moyen Age, peut-être dans le sud de la France ou en Italie. J'avais conscience d'avoir hérité cette maison de ma famille dont j'étais le dernier descendant, à l'exception d'un vieil oncle gâteux qui vivait dans une autre partie de la maison. Je le voyais. Il était vieux et malade, avec de lourdes bajoues et un crâne chauve. Il avait le teint très pâle*

et jaunâtre ; il ne quittait presque plus sa chambre.

Je suppose que je vivais dans une très belle demeure, mais seule une pièce m'intéressait, le bureau. Apparemment, j'y passais le plus clair de mon temps. En regardant autour de moi, je voyais tout un équipement de chimiste, des tubes, des flacons et des réchauds.

L'idée de pouvoir voler m'obsédait. C'était mon unique intérêt dans la vie. Pour moi, la pesanteur était une prison dont je voulais m'échapper.

Sur la table à dessin devant moi, il y avait de grands dessins d'oiseaux en plein vol. Une de mes activités consistait à observer les oiseaux ; ensuite, je dessinais les formes que prenaient leurs ailes et leur corps dans le vol.

Mon bureau était plein de volumes aux reliures de cuir. J'ai pu marcher jusqu'aux rayons et ouvrir l'un de ces livres. Tous ces livres sont des chefs-d'œuvre de l'artisanat. Aucun n'est imprimé ; tous sont écrits à la main.

Il y avait encore d'autres choses dans ce bureau, des modèles d'ailes et une mécanique destinée à voler. Il y avait aussi des insectes qui volent et des oiseaux.

Dans cette régression, je suis en train de lire des histoires de vol tirées de la Bible, et j'essaye de me servir des Ecritures pour résoudre l'énigme.

Je vivais en reclus, passant presque tout mon temps à rêver que je volais ou à dessiner et construire des machines volantes qui se révélaient incapables de décoller.

Il y avait une porte vitrée dans ce bureau ; elle donnait sur une cour et un sentier qui longeait la maison. Très souvent, dans la journée, les gens qui passaient sur ce chemin me lançaient des commentaires ironiques. J'ai entendu un enfant s'arrêter et dire : « Ici habite l'homme qui veut voler avec les oiseaux dans le ciel ! » Puis il se mit à rire bruyamment en me montrant du doigt. Dans l'ensemble, les habitants de la cité me considéraient comme un hérétique, même mon domestique qui se montrait très désagréable et méprisant à mon égard.

J'allais souvent dans une prairie d'où l'on découvrait toute la ville. J'y allais pour tester mes machines volantes ou juste pour observer le vol des oiseaux. J'adorais regarder tout ce qui pouvait voler. Pour moi, c'était un mystère total que de pouvoir comprendre les principes du vol tout en ne réussissant jamais à quitter le sol. Cela me donnait le sentiment d'être torturé par Dieu.

Dans une autre scène, j'étais dans mon bureau ; le prêtre de la paroisse était venu me rendre visite. Mon désir de voler l'embarrassait considérablement. Je lui montrai les machines volantes que j'étais en train de construire et je lui parlai abondamment de la façon dont, à mon avis, les ailes fonctionnaient.

Il resta assis sans m'interrompre, ou presque. Finalement, il me dit : « Mon fils, l'homme n'a pas été créé pour voler. Dieu veut que nous marchions sur la terre. » Puis il me promit de prier pour moi.

J'ai pu avancer dans le temps jusqu'au moment de ma mort. Je me suis retrouvé en train d'assister à mon propre enterrement. Ce qui était étonnant, c'était que j'avais quitté mon corps et que je le regardais d'en haut ! Pour la première fois, je pouvais voler ! Je pouvais voler de-ci, de-là comme un oiseau et regarder les gens qui mettaient mon corps en terre. Il y avait dans la mort une victoire que j'appréciais même à ce moment-là.

Cette régression aida Larry à comprendre que, au sens le plus large du mot, il avait un profond désir de s'envoler, à la fois de sa vie si terne que de sa vie spirituelle quasi inexistante. Pour donner à mon client un point auquel s'accrocher dans l'affrontement des difficultés, je l'appelle Icare. Ce nom l'aide à mieux comprendre son problème. Cela l'aide aussi à confirmer que — mythe ou pas — cela fait très longtemps que des êtres humains se débattent dans les mêmes problèmes que lui.

Zeus de la jungle

Une autre de mes clientes est une guerrière du monde des affaires. Elle est agent immobilier et fait en permanence le plus gros chiffre d'affaires de la société qui l'emploie. C'est aussi un personnage de marque. Il n'est pas rare de voir son nom cité dans le journal sur telle question politique ou autre.

Pour figurer parmi ceux qui font la pluie et le beau temps dans sa ville, elle doit se livrer à une très dure compétition dans un milieu agressif et dominé par des hommes. Ce ne fut donc pas une surprise de la voir se transformer, grâce à une régression, en roi guerrier dans une lointaine civilisation. Je l'appelle

« Zeus de la jungle », d'après la figure grecque du dieu guerrier et bagarreur. Voici cette régression :

Je me suis brusquement rendu compte que j'étais presque nue et que je me sentais bien dans ce simple appareil. J'ai pu regarder mon corps et j'ai vu que j'avais la peau très sombre. Je ne portais aucun vêtement, à l'exception d'un pagne de peau.

J'ai regardé ce qu'il y avait autour de moi. J'étais dans un village de huttes d'herbes. Il devait y avoir environ deux cents personnes occupées à diverses tâches, à cuisiner sur des feux de plein air ou à tanner des peaux d'animaux pour en faire des vêtements ou des abris.

Comme j'observais la scène, je me sentis le seigneur de tout ce que je voyais, le chef choisi par cette communauté.

La scène suivante confirma que j'étais le prince de ce royaume et le futur roi. J'étais assis à côté d'un homme dont je compris que c'était mon père. Il était très gros et portait des colliers de plumes brillantes, des bracelets et une coiffe de plumes. Il était assis sur un trône fait des plus belles peaux et placé plus haut que les gens assis par terre devant nous.

J'occupais un tronc, moi aussi. J'avais une tenue très décorée, mais pas autant que la sienne. Nous étions en train de régler des questions d'ordre administratif qui concernaient toute la tribu. Je n'aurais pas pu dire exactement de quoi il s'agissait, mais je savais que c'était très important car les gens installés à nos pieds avaient tous des expressions très sérieuses. Ils attendaient les décisions de mon père et les miennes, puisque nous étions les chefs qu'ils s'étaient choisis.

Au cours de cette régression, j'éprouvais un profond sentiment de puissance intérieure. Je me sentais très sûr de moi à l'idée d'être le futur chef de la tribu. J'aimais ce sentiment de puissance et de responsabilités. Je me sentais prêt à assumer le rôle royal de mon père quand il déciderait de me le laisser.

Pourtant, il y a eu une scène très humiliante, qui m'a fait comprendre qu'il existait quelque part une autorité supérieure. J'étais seul dans la jungle quand j'ai brusquement remarqué que le soleil s'obscurcissait. Bien sûr, c'était une éclipse mais, dans cette autre vie, je ne savais pas ce que c'était ! Lentement, le soleil devint complètement noir, et la peur m'envahit. Je tombai à genoux et je priai les dieux pour que le soleil revienne.

A ce moment-là, je pensai que les dieux étaient en train de me dire que, même si je faisais partie des gens les plus puissants de mon monde, je n'étais certainement pas l'être le plus puissant dans les cieux. Je priai pour qu'ils me pardonnent et, tout en m'inclinant, je les assurai que j'avais bien conscience de leur puissance. Bien sûr, je me dis qu'ils avaient dû m'entendre car le soleil reparut bientôt, et les ténèbres disparurent.

Dans une scène ultérieure, je me vis devenu roi. Mon père n'était pas mort, mais il se sentait trop vieux pour continuer à diriger le royaume. Je me vis assis du côté du roi sur le trône, portant les ornements de la royauté. A côté de moi, dans le siège qui avait été le mien jusque-là, il y avait mon père, désormais mon conseiller.

Je me sentais superbe et satisfait d'être le roi. J'avais réellement le sentiment d'avoir mérité cet honneur. Je me rendais compte aussi que j'avais plusieurs femmes et que je pouvais en avoir autant que je voulais. Beaucoup des enfants de la tribu m'appartenaient aussi.

Dans cette scène particulière, je devais juger une question de droit tribal. Je ne sais pas exactement de quoi il s'agissait, mais je pense que c'était une dispute sur la propriété d'une vache ou d'un quelconque autre animal. Je me sentais parfaitement à l'aise dans mon rôle de juge. C'est tout ce dont je me souviens. Le sentiment qui dominait tout était la satisfaction d'être roi.

Pour cette femme, être roi correspondait tout à fait à l'image qu'elle avait d'elle-même, son mythe personnel. J'aurais été surpris qu'elle soit moins que cela dans sa régression. Dans sa vie réelle, c'est une battante et une meneuse d'hommes parfaitement satisfaite d'être une personnalité en vue. Elle le dit d'ailleurs très bien : « J'étais dans ma vie passée ce que je suis dans ma vie présente. »

En revanche, elle était très intriguée d'avoir eu la peau noire.

Comme elle avait été élevée dans le vieux Sud, c'était une image tabou. Elle reconnaissait que, dans son rôle de membre d'une structure de pouvoir, elle n'aurait jamais imaginé d'être « quoi que ce soit de noir », encore moins un roi d'Afrique noire.

Nous conclûmes que, outre le fait de montrer

qu'elle aimait son rôle mythique de roi, elle avait probablement utilisé la régression pour découvrir un autre mode de vie.

Dionysos à Dodge City

Et maintenant voici Walter le Fêtard, un client qui, n'ayons pas peur des mots, ne pense qu'à faire la foire. Il aime tellement s'amuser qu'il clame à qui veut l'entendre qu'il ne travaille 40 heures par semaine que pour financer les 40 heures qu'il passe à faire la tournée des bars et à donner des fêtes.

Il me demanda une régression sous hypnose pour savoir s'il y avait un lien entre sa vie actuelle et une autre vie. Ce qui émergea de la régression se révéla remarquablement proche de son mode de vie présent.

> *Quand j'arrivai dans cette vie antérieure, j'étais derrière un bar, en train de verser à boire et de rire aux éclats d'une blague que racontait un de mes clients.*
>
> *Je n'ai pas réussi à entendre la blague, mais j'ai pu regarder autour de moi et voir que j'étais dans un vieux bar du Far West ! Il fallait voir ça ! Il y avait des chaises en bois à dossier droit et quelques tables que les clients avaient rendues bancales à force de s'appuyer dessus. J'ai regardé par la porte ouverte et j'ai vu la rue principale. Il faisait sec là-bas, et c'était très poussiéreux, ce qui me fit penser qu'on devait*

être en été. J'eus la sensation que la grand-rue devait être un horrible bourbier pendant la saison des pluies. Mais comme il faisait sec, les chevaux et les chariots soulevaient d'énormes nuages de poussière.

Les rues étaient vivantes, pleines de gens. Cela me donnait l'impression d'une ville commerçante. Il y avait des hommes en costume et des femmes vêtues de robes de coton vaporeuses. Et bien sûr, il y avait des cow-boys à cheval ou dans des chariots. Ce que je voyais dehors me fit penser que cette ville était le bout du voyage pour de nombreux meneurs de troupeaux.

Dans le bar, un escalier conduisait à une mezzanine qui surplombait le rez-de-chaussée. Les gens achetaient leurs boissons au bar et montaient les boire en haut.

Je crois que j'aimais cet endroit parce que je m'en sentais vraiment responsable. J'étais très heureux, en partie parce qu'il y avait foule et que je gagnais plein d'argent, et en partie parce que j'adorais être au milieu de beaucoup de gens.

J'allai plus loin dans le temps. Le bar était complètement bourré cette fois. Il n'y avait pas un centimètre carré de libre, et les gens étaient obligés de déborder dans les rues. Ce devait être une occasion très spéciale car tout le monde était content. Il y avait des gens qui tiraient des coups de revolver en l'air et poussaient de grands « youpie » !

Je pense que c'était l'arrivée d'un troupeau car cette foule avait manifestement l'air de gens qui se détendent après un dur travail. J'aimais cette ambiance. Je me souviens d'avoir dit à l'un de mes serveurs que des moments comme celui-là étaient ceux que je préférais.

Plus tard, il y eut une scène très triste. Le bar était pratiquement vide. J'étais seul pour servir quelques copains qui faisaient durer leur bière. De toute évidence, l'endroit connaissait des temps difficiles ; j'eus l'impression que quelque chose avait changé si radicalement dans cette ville que je devrais bientôt fermer la porte et quitter les affaires. Dans la rue, il n'y avait plus rien de l'agitation et de l'activité des scènes précédentes. Quelques personnes passaient sur le trottoir, mais ce n'était rien par rapport à ce que cela avait été.

J'étais navré de cet état de choses, mais je savais que je ne pouvais rien faire d'autre que de fermer le bar. Je me rappelle que j'étais appuyé au comptoir et que je repensais au bon temps en me sentant très heureux d'avoir au moins pu voir ça.

Les résultats de la régression de Walter ne m'étonnèrent pas. Estimant qu'il ne s'agissait pas de réincarnation, je trouvais intéressant qu'il puisse voir la fin de ses années de fête, une fin où il repensait avec regret à ces jours, disons : de roses et de vin !

Pour Walter, l'idée que « les bonnes choses ont une fin » est une part importante du rituel de la fête, c'est l'essence même du plaisir. « Repenser aux bons jours quand on en connaît de moins bons, tout est là, au fond », dit-il succinctement.

Le mythe personnel de Walter apparaît donc très clairement dans sa régression.

Déméter, la martyre

Sandy habite une petite ville où sa réputation de grande sportive locale n'est plus à faire. Elle travaille dans un magasin et passe tout son temps libre à courir, faire du vélo et pratiquer différents sports d'équipe.

Elle vit chez ses parents et partage leur foi de chrétiens fondamentalistes. Apparemment, elle est heureuse. Pourtant, sa régression révéla une certaine insatisfaction et l'impression d'être une martyre, ce qui la conduisit à une thérapie. Voici le récit de sa régression.

J'étais un jeune homme, et il me semble que je vivais dans une ville. Il y avait de très jolis bâtiments blanchis à la chaux. J'habitais un appartement au deuxième étage au-dessus d'un magasin dans une rue très étroite.

Il y avait quelques tables et des nattes légèrement surélevées pour dormir. Dehors, il y avait l'eau courante dans un évier commun. Apparemment, nous étions une société très civilisée.

Dans une scène, j'étais couché sur mon lit et j'écoutais tous les gens, dehors. Il y avait tant de bruit et d'agitation que je pouvais presque sentir la chaleur de cette ville.

Quand je suis sorti, j'ai trouvé que les gens étaient très énervés et tendus. Je pense que cela vient de ce que nous sommes dans un quartier très pauvre de la ville et que, dans cette société, les pauvres se conduisent de cette façon.

Dans une autre scène, je marche dans la rue. Les rues sont en terre battue soigneusement tassée et ne sont pas très poussiéreuses. Il y a des boutiques partout, comme des boulangeries et des marchands de vin.

Je m'arrête dans un magasin pour regarder les balances en métal qui servent à peser les grains. Je suis intrigué par leur allure. Elles ont cette teinte vert-de-gris que prend le cuivre oxydé. Le marchand est en train de peser une espèce de grain ou de céréale.

L'homme que j'étais dans cette régression était un type très agressif et hargneux. A un moment, j'étais assis dans l'appartement avec ma mère qui s'inquiétait beaucoup d'une vilaine toux qu'elle avait attrapée. Elle se sentait de plus en plus faible et avait peur que ce soit grave. J'essayais de prendre les choses avec rudesse et de minimiser sa maladie, mais je voyais bien à son visage qu'elle était vraiment très malade. En moi-même, j'étais très soucieux.

L'idée d'aller chercher un médecin ne nous est même pas venue, ce qui me fait penser qu'il n'y avait pas d'organisation de soins. Au lieu de cela, nous avons demandé quoi faire aux voisins. Ils nous ont conseillé des remèdes de bonne femme mais, dans l'ensemble, ce fut inutile.

J'avançai dans le temps jusqu'à une autre scène. J'ai vu que ma mère était morte et qu'on l'avait étendue sur une table. Elle avait l'air tellement dépourvue de vie, allongée comme ça. Pendant quelques instants, je me suis permis le luxe de pleurer. Je me sentais très embarrassé et bouleversé par la mort de ma mère. Elle était ma seule famille.

Peu de temps après sa mort, j'étais à un marché. J'étais près d'un vieil homme qui transportait une grosse somme d'argent dans une bourse. Je me dirigeai vers lui et je le bousculai. Puis je lui volai son argent! C'était comme si je voulais qu'on m'attrape et qu'on me jette en prison.

On m'arrêta et on m'amena devant le juge. J'étais dans une file de gens enchaînés. Le juge parlait à chacun d'entre nous puis rendait son jugement. Quand mon tour arriva, il me déclara aussitôt coupable et m'envoya rejoindre une équipe de travaux forcés.

Je fis une longue marche avec une nombreuse équipe d'ouvriers. On nous envoya en haute montagne pour travailler dans une mine. Je ne sais pas ce que c'était comme mine. C'était une substance gris sale mais je ne savais pas ce que c'était et je ne m'en souciais vraiment pas. Je me contentais d'essayer de ne pas m'arrêter de travailler pour éviter d'être frappé par les gardes.

Nous vivions dans des baraques trop petites où il était très difficile de dormir. Certains hommes marmonnaient et criaient toute la nuit, tandis que d'autres restaient assis à jouer et à parier.

J'avais un ami qui venait d'un autre pays. Il avait été capturé par des soldats et conduit à la mine. Il se languissait profondément de sa famille, surtout depuis que nous avions compris que nous allions mourir ici. Cela nous a attristés au point que nous avons cherché un peu de réconfort. Nous avons trouvé un coin tranquille dans les baraquements et nous avons fait l'amour.

Le lendemain, nous étions dans la mine quand mon ami est devenu furieux à cause de la cruauté d'un garde. Quand ce garde a commencé à l'insulter, il s'est tourné et l'a frappé entre les yeux avec un lourd maillet de bois.

Les autres gardes se sont précipités et nous ont empoignés. Ils nous ont traînés à l'extérieur de la mine et ils nous ont forcés à assembler des croix de bois. Puis ils nous ont crucifiés à l'entrée de la mine pour que tous les autres prisonniers puissent nous voir en sortant de leur travail. Etre suspendu sur cette croix me faisait incroyablement mal aux épaules ; c'était insupportable. Je regardais l'entrée de la mine et je perdais conscience tout doucement. C'est la dernière chose dont je me souviens.

Alors que j'étais en train de perdre conscience, j'ai compris que le fait d'avoir volé le vieil homme sur le marché était une réaction au chagrin causé par la mort de ma mère.

Sandy fut bouleversée par sa régression. Pour elle, c'était un sacrilège de s'être vue crucifiée. Elle fut très soulagée quand je lui appris qu'à l'époque on avait crucifié beaucoup de monde, pas seulement le Christ.

Ensuite, nous travaillâmes sur la régression qui, apparemment, n'avait aucun lien avec sa vie actuelle. Sa famille ne la traite pas comme une esclave, et, dans l'ensemble, elle aime ses parents. Pourtant, en poussant la discussion, je m'aperçus qu'elle était plutôt passive et dépendante. C'était le genre de personne qui laisse toujours les autres décider pour elle parce qu'elle a beaucoup de mal à s'affirmer. La dépendance donne souvent l'impression d'être martyrisé, surtout quand la décision prise par les autres ne lui convient pas.

Et nous y étions : sa régression fourmillait d'exemples de dépendance.

Pour elle, la crucifixion était une mort de martyr. Dès l'instant où l'on pose qu'il ne s'agit pas d'une réincarnation, on peut établir un lien étroit entre la mort sur la croix et la sensation d'être une martyre.

La colère refoulée de Sandy, qui se manifestait par des explosions inattendues, est une autre caractéristique de la dépendance.

Sa régression a permis à Sandy de parler librement de son problème de dépendance. Elle ne pensait pas avoir vraiment vécu une réincarnation. Elle était en revanche persuadée que cela lui avait donné un moyen d'exprimer son problème.

La valeur thérapeutique du mythe

Quand on entreprend une régression dans le but de découvrir son propre mythe, elle permet d'aller à la racine même de son identité. Pourquoi est-ce si important ?

Si l'on considère la thérapie comme un processus destiné à comprendre l'histoire d'une personne, les régressions qui révèlent le mythe individuel permettent d'aller au cœur de la formation de l'identité de cette personne. Ces mythes donnent des points de repère grâce auxquels on peut commencer à avoir prise sur sa vie.

Par exemple, une personne qui se trouve infantile dans des vies antérieures, ou qui se retrouve sans cesse dans des situations épicuriennes au fur et à mesure de la régression, a beaucoup de risques de se conduire de façon irresponsable et hédoniste dans sa vie réelle. Quand ce type de révélation se fait par le biais de la régression, elle permet d'éclaircir des difficultés et de les affronter ensuite dans une thérapie.

Voici un exemple de la façon dont j'utilise le mythe personnel en thérapie. Un jour, je reçus un client qui consultait en raison de son incapacité à prendre des décisions, ce qui le frustrait profondément. Il désirait désespérément être plus sûr de lui mais n'y arrivait pas. Cet état de choses aboutissait à ce que les autres prissent toujours les décisions pour lui.

Il pensait que peut-être quelque chose dans une vie antérieure avait été la cause de ce comportement ; c'est pourquoi il me demandait une régression thérapeutique.

Je lui fis faire une régression, et nous arrivâmes dans une autre vie, dont voici l'histoire très instructive.

> *Je me vis en guerrier prêt pour la bataille. Je portais une armure et j'avais une épée. Nous étions au moins une centaine d'hommes à marcher en*

rangs dans le désert. Nous nous sentions tous très calmes et, d'après les sensations qui me venaient, nous savions tous qu'une rude bataille nous attendait, et qu'un grand nombre d'entre nous serait tué.

Je ne voulais pas aller à la guerre, mais ce n'était pas seulement parce que j'avais peur d'être tué. Je ne voulais pas y aller parce que je n'étais pas très sûr du camp dans lequel j'aurais dû être. Nous nous apprêtions à nous battre contre quelqu'un que j'aimais bien. Je ne suis pas très sûr de la raison pour laquelle nous nous battions, mais je ne pensais pas que nos adversaires eussent réellement fait quelque chose de mal.

Je me souviens d'avoir pensé que je n'aurais pas dû être là. Je me souviens aussi d'avoir pensé que j'avais le choix. J'étais furieux contre moi-même parce que je m'étais laissé entraîner. Au lieu de faire ce que je voulais faire et de ne pas me battre pour une cause à laquelle je ne croyais pas, j'avais suivi l'opinion publique et je m'étais porté volontaire.

Je ne suis pas mort dans cette guerre mais j'ai dû tuer beaucoup pour rester en vie. Je fus traité en héros quand je revins chez moi, mais je n'éprouvais aucune fierté. J'avais honte d'avoir tué tant de gens pour défendre une cause en laquelle je ne croyais pas.

Cette régression me fit penser à Hippolyte, qui fut pris dans une guerre entre Aphrodite, la belle qu'il adorait, et Artémis qui était jalouse. Sa passivité interdit à Hippolyte de dire non quand on lui demanda de se battre. Ce lien avec un mythe me permit de donner à mon client une version mythologique de son histoire pour éclairer son problème.

Nous entreprîmes ensuite de réécrire le scénario de sa régression. C'est quelque chose que je fais très peu, comme je l'ai expliqué précédemment. J'ai constaté que les gens sont rarement capables d'accepter ce procédé. Pourtant, mon intuition me souffla de le faire dans ce cas précis, et ce fut efficace.

Je fis revenir mon client à la scène où il se rendait sur le champ de bataille. Je lui fis d'abord décrire le paysage où cela se passait, puis le désespoir qu'il éprouvait au plus profond de lui-même à l'idée de se battre, et enfin son désir de ne pas être impliqué dans le massacre à venir.

Quand son désespoir fut au plus haut, nous entreprîmes de transformer l'issue de la situation. Je le fis quitter la rangée de soldats et simplement s'en aller. Quoi qu'il arrive, lui dis-je, ne revenez pas dans les rangs des soldats. Voici ce qui s'est alors passé.

> *On prévint le commandant de ce que je faisais ; il ordonna aux troupes de s'arrêter et revint en arrière pour me parler. Il commença par m'ordonner de reprendre ma place mais je refusai. Je lui dis que je m'étais porté volontaire pour me battre et que maintenant j'étais volontaire pour ne pas me battre. Il me répondit que je ne pouvais pas faire ça mais je l'ignorai purement et simplement, et je continuai à marcher. Il me traita de lâche et m'injuria. Je marchais toujours. J'avais peur qu'il me tue pour*

faire un exemple mais il ne le fit pas. Il reprit sa place à la tête de la troupe et ordonna de reprendre la marche. La plupart des soldats obéirent. Mais, à ma grande surprise, je m'aperçus que je n'étais pas le seul à revenir chez moi. Beaucoup de soldats pensaient, comme moi, que cette guerre était une perte de temps et un gaspillage de vies humaines. En refusant de me battre, je leur avais donné le ressort nécessaire pour se décider.

Une autre surprise m'attendait en arrivant dans la ville : personne ne nous traita de lâches. D'autres gens n'étaient pas d'accord avec cette guerre. Notre retour les aida à dire tout haut ce qu'ils pensaient de cette violence insensée.

Mon client s'est senti soulagé d'avoir pu modifier le scénario. Cela lui a permis de ressentir ce que l'on éprouve à prendre une décision, et de constater les changements produits par une solution différente.

Le fait de découvrir son mythe personnel et d'y travailler permit à mon client de transformer sa vie. Il devint plus décidé, content de vivre de la façon dont il le voulait.

Joseph Campbell appelle mythes, les rêves publics et rêves, les mythes privés. En réussissant à se brancher sur ces mythes lors d'une régression, on peut comprendre et même modifier les réalités psychologiques cachées ou refoulées dans l'inconscient.

EXPLORATIONS PERSONNELLES

9

Explorez vos vies antérieures

On croit parfois que l'exploration des vies antérieures est réservée à certaines personnes qui bénéficieraient d'un don spécial. Mes recherches m'ont appris qu'il n'en est rien. Les faits montrent que presque tout le monde peut faire des régressions. Beaucoup de mes clients m'ont affirmé, avant d'entreprendre une régression, qu'ils n'étaient pas du genre à se laisser hypnotiser, ou qu'ils avaient bien trop les pieds sur terre pour avoir une expérience aussi « vaseuse » qu'une vie antérieure.

Ce sont ces mêmes réfractaires qui font les meilleurs sujets, capables d'entrer dans une phase profonde de l'hypnose et de fournir une imagerie très riche.

Toutefois, je pense que, avant de tenter une régression, il est important de s'interroger sur les raisons profondes pour lesquelles on veut chercher ces vies antérieures. Vous devez vous demander pourquoi vous voulez le faire, et ce que vous en attendez.

Le mieux est de concevoir cette expérience comme une tentative de mieux se comprendre, car ce peut être un puissant outil de compréhension des phobies ou des problèmes de comportement.

Je vous conseille également de prendre contact avec un thérapeute habitué à utiliser les vies antérieures ou, en tout cas, avec une personne susceptible de vous guider dans ce travail. Choisissez quelqu'un qui soit d'accord pour utiliser ces expériences pour vous aider à résoudre ou comprendre vos difficultés. Les thérapeutes qui cherchent à prouver que ce sont des preuves de la réincarnation pourraient passer à côté d'un lien avec votre vie actuelle, utile à votre évolution personnelle.

L'hypnose n'est pas une perte de contrôle

Il n'y a pas, à ma connaissance, un phénomène psychologique plus mal compris du public que l'hypnose, qu'il confond avec des croyances magiques.

J'utilise couramment l'hypnose dans ma pratique et je suis toujours étonné de la crainte que manifestent mes clients à son égard. En général, quand vous parlez de l'hypnothérapie à un patient — qu'il s'agisse de lui apprendre une technique de relaxation ou de retrouver un traumatisme inconscient — il essayera de refuser la thérapie. Une des craintes les plus communes est de tomber sous le pouvoir de l'hypnotiseur, de devenir un automate ou son esclave.

En réalité, rien ne pourrait être plus éloigné de la vérité. Vous ne pouvez pas être hypnotisé si vous ne le voulez pas. Autrement dit, toute hypnose est une auto-hypnose. L'hypnotiseur n'est qu'un moniteur que vous utilisez pour entrer en état hypnotique.

En règle générale, on ne peut vous obliger à faire sous hypnose quelque chose que vous ne feriez pas à l'état éveillé.

Beaucoup sont également persuadés que l'hypnose est une perte de conscience et qu'ils ne se souviendront pas de ce qui est arrivé pendant leur transe. C'est également faux. L'hypnose est un état de concentration accrue et de relaxation profonde. C'est un état de conscience extrêmement reposant et paisible.

La plupart des sujets hypnotisés restent conscients de ce qui se passe autour d'eux, sauf s'ils ont accepté la suggestion de ne pas faire attention à leur entourage. D'une certaine façon, l'hypnose est un état de lucidité supérieure à l'égard des sentiments et processus intérieurs.

Une des réactions que j'entends le plus couramment quand je fais sortir mes clients de l'hypnose est : « Je ne sais pas si j'étais hypnotisé ou non. » Ils attendent quelque chose de magique ou de bizarre, alors qu'il s'agit simplement d'un état de relaxation qui leur permet de se concentrer sur les stimuli internes.

Il n'y a rien de dangereux dans l'hypnose. En fait, c'est même une des techniques psychologiques les plus sûres que nous possédions.

A cela il faut quand même ajouter une précision : tant qu'elle est bien pratiquée, elle est sans risques. Sinon, cela peut avoir des effets désastreux (voir p. 293).

Une autre idée fausse consiste à croire que l'on ne peut mentir sous hypnose. Compte tenu de l'image de l'hypnose véhiculée par les médias, beaucoup de gens pensent que, en état d'hypnose, on ne peut dire que la vérité.

En réalité, les faits montrent qu'il est parfaitement possible de mentir sous hypnose, ainsi qu'en atteste une abondante littérature psychologique. C'est pourquoi il est faux de penser que, sous prétexte que ces scénarios très élaborés sont fournis sous hypnose, ce sont forcément d'authentiques retrouvailles avec des vies antérieures.

Logique inhérente à la transe et autres signes

Que ces expériences soient si vivantes, qu'elles donnent une telle sensation de véracité, relève de la logique inhérente à la transe, qui permet au cerveau de croire en même temps deux choses contradictoires. Quand on fait une régression sous hypnose, une part de nous reste parfaitement consciente que nous vivons dans le présent. En même temps, une autre part est convaincue que nous sommes, par exemple, en Chine au XVIIe siècle. Cela peut être une sensation très convaincante.

La logique inhérente à la transe est un des signes auxquels on reconnaît la transe profonde. On trouvera ci-dessous une brève énumération des caractéristiques de l'hypnose que peut connaître le sujet. Il faut bien garder à l'esprit que l'on peut passer par une partie seulement de ces sensations. Ce qui reste certain, c'est que, si l'on est réellement sous hypnose, on en connaîtra au moins une.

- Sensation de détente si profonde que l'on n'a plus envie de faire le moindre effort.
- Sensation d'apesanteur, surtout dans les bras et les jambes.
- Sensation d'insensibilité, de fourmillement ou d'engourdissement des pieds ou des mains.
- Impression de flotter.
- Impression d'être détaché de l'environnement d'une façon où il paraît très distant.

J'ai constaté que l'on rencontre plus facilement une expérience de vie antérieure en état de transe profonde. Il est généralement recommandé d'être suffisamment familiarisé avec l'hypnose pour se sentir à l'aise avant d'entreprendre une régression dans les vies antérieures. C'est pourquoi je conseille de ne pas tenter de retrouver une vie précédente à la première expérience d'auto-hypnose.

Pour vous aider à réussir votre expérience vous-même, vous trouverez une technique simple d'induction à la fin de ce livre. Lisez ce texte plusieurs fois puis enregistrez-le en le lisant très lentement, à votre rythme. Entendre votre propre voix enregistrée devrait vous aider à vous libérer de toute crainte de perdre le contrôle des opérations.

Quand vous déciderez de tenter une régression, installez-vous dans une pièce où vous ne serez pas dérangé et dans une position où vous vous sentez à l'aise. Vérifiez que vous ne risquez pas d'être interrompu ; débranchez le téléphone, éteignez les lumières. Si vous avez besoin d'un éclairage, une bougie fera l'affaire. Et n'oubliez pas : il est important d'être tranquille.

Formulez des questions pertinentes

Avant d'entrer en transe, il faut commencer par poser clairement les questions sur lesquelles vous désirez des éclaircissements. Par exemple, vous pouvez vous demander : « Pourquoi ai-je telle difficulté dans mes relations personnelles ? » Ou bien : « D'où vient ma phobie des animaux ? » Attachez-vous à formuler vos questions clairement et simplement.

Ensuite, enlevez vos chaussures et installez-vous confortablement sur un divan ou un matelas. Allongez-vous, les bras de chaque côté et les jambes non croisées. Eventuellement couvrez-vous d'une couverture car l'hypnose abaisse la température du corps.

Il ne vous reste plus qu'à enclencher votre magnétophone et à suivre vos propres instructions.

Que faire de votre expérience ?

A la fin de l'expérience, restez allongé et réfléchissez à ce que vous avez appris. Le cas échéant, enregistrez vos impressions ou écrivez-les. Attention : il ne s'agit pas de ranger votre expérience dans un dossier et de l'oublier. Repensez-y fréquemment, en essayant de relier votre expérience de vie antérieure à ce que vous vivez dans le présent.

En parler avec des amis compréhensifs peut aussi vous aider. Je connais des gens qui se rencontrent de façon régulière pour discuter de leurs expériences. Tout cela aide à comprendre les complexes mécanismes de notre vie intérieure.

Apprendre à regarder dans une boule de cristal

J'ai découvert une autre méthode pour explorer les vies antérieures, beaucoup plus pratique et plus facile que l'auto-hypnose. C'est la méthode connue sous le nom de *cristallomancie,* ou voyance dans une boule de cristal.

Je m'intéresse depuis très longtemps à la psychologie. A l'université, j'ai obtenu un doctorat de philosophie. Ensuite, je suis entré à la faculté de médecine et je me suis spécialisé en psychiatrie. J'ai travaillé dans des hôpitaux psychiatriques et j'ai ouvert mon propre cabinet de consultation. Malgré toutes ces années consacrées à la psychologie, ce n'est que récemment que j'ai entendu parler des boules de cristal.

J'ai découvert la cristallomancie en fouillant les étagères poussiéreuses d'un bouquiniste d'Atlanta. Je regardais les titres quand mon attention fut attirée par un livre appelé *Cristal Gazing* (« Lire dans une boule de cristal ») d'Ernest Schal, publié en 1905. En feuilletant les premières pages, je m'aperçus rapidement que l'auteur était un obsédé du détail, mais certes pas impressionnable ou influençable. Dans ces pages, il décrivait ses recherches sur cet art aussi ancien qu'obscur.

La cristallomancie est le nom savant de cette vieille méthode de divination qui consiste à lire l'avenir dans une boule de cristal. D'après Schal, cet art se pratiquait dans des cultures aussi anciennes que celle de l'Egypte pharaonique, dans l'espoir de trouver les réponses à des questions angoissantes.

En fait, la cristallomancie a une longue histoire. Au Moyen Age, en Europe, des devins parcouraient les pays en lisant dans des miroirs, les miroirs de divination. Ils s'installaient sous une tente en arrivant en ville et scrutaient leurs miroirs, dans l'attente d'une vision susceptible de répondre aux questions des clients. On utilisait aussi cette méthode pour connaître l'avenir et pour découvrir les criminels. Quand il y avait eu un vol, les gens se rendaient volontiers chez le devin pour regarder dans le miroir en demandant qui avait commis le vol. Il arrivait qu'un visage apparaisse : il n'y avait plus qu'à accuser le propriétaire de ce visage.

On avait également recours aux devins pour retrouver des objets perdus. La personne donnait une description de l'objet en question, et le miroir devait indiquer où se trouvait cet objet.

L'Eglise catholique interdit la divination à cause de son caractère faussement mystique, et la cristallomancie disparut pratiquement du monde occidental.

Elle a pourtant connu quelques périodes de faveur depuis ce bannissement. Au XVIe siècle, en Angleterre, le célèbre John Dee entra en possession d'un miroir d'obsidienne utilisé par les prêtres aztèques à des fins divinatoires. Il développa cet art et finit par attirer l'attention de la reine, Elisabeth Ire. Elle consulta régulièrement John Dee pour lire dans sa « pierre de vision ».

Malheureusement, la cristallomancie a acquis une mauvaise réputation en tant qu'outil divinatoire. Cette faute originelle l'a fait rayer de la liste des phénomènes psychologiques respectables.

Or, pourquoi devrions-nous rejeter ce phénomène ? A mon avis, Jung a bien résumé ces réactions :

> Il peut paraître difficile au lecteur non averti de comprendre pourquoi la rencontre avec l'inconnu en nous-même est une entreprise dangereuse. Seule l'expérience peut enseigner à quel point il est terrifiant de se détourner des habitudes de notre monde conscient pour affronter l'inconnu absolu du monde intérieur inconscient.

Je pense que la cristallomancie a été bannie de la civilisation occidentale parce que c'est précisément une de ces techniques qui peuvent aisément amener à la surface ce que nous ne voulons pas connaître.

L'Orient a une attitude différente à l'égard de cette méthode de divination. Au Tibet, autrefois, les devins regardaient dans les lacs. Dans ce pays sans arbres et doté de l'atmosphère claire de la haute altitude, les lacs sont profonds et transparents ; quand les devins y plongent suffisamment longtemps le regard, ils finissent par y voir les réponses à de nombreuses questions.

L'image la plus courante que nous ayons de cet art antique est celle de la gitane qui lit l'avenir dans une boule de cristal, installée dans sa baraque dans les fêtes foraines. J'avais toujours pensé qu'elles inventaient ce qu'elles « voyaient », mais les travaux de Schal ont semé quelque doute dans mon esprit.

La découverte d'un curieux outil

Mes recherches m'ont appris que les images des boules de cristal ne sont pas inventées mais réelles. Quelques semaines après avoir lu l'ouvrage de Schal, j'achetai une boule de cristal que j'installai sur ma table. J'éteignis la lumière et, après avoir allumé une bougie, je commençai à scruter les profondeurs transparentes.

Quelques minutes plus tard, je vis apparaître des nuages puis des visions. Je vis un homme en imperméable couleur mastic marcher dans une rue déserte de la ville. L'image s'effaça et laissa la place à une magnifique maison de brique rouge dans un paysage de haute montagne ; la maison avait une véranda qui s'avançait au-dessus d'une falaise. Le soleil brillait, et je voyais au loin les sommets noyés d'une brume bleutée.

Puis une autre image se forma tout doucement, celle d'une de mes amies. Je vis très nettement son visage, exactement comme si elle avait été là, près de moi. Ensuite vint un souvenir d'enfance, la maison de ma grand-mère avec son magnifique mobilier ancien et ses tapis finement tissés.

Les images se succédèrent ainsi de façon discontinue. Elles étaient très étranges. En un sens, il était évident qu'elles venaient de moi-même. Pas un seul instant, je n'ai pu croire qu'elles venaient d'ailleurs. Mais ces images étaient indiscutablement projetées dans la boule de cristal, en couleurs et en trois dimensions. C'était comme une télévision holographique.

Je passai ainsi plus d'une heure à regarder dans ma boule de cristal. L'expérience me laissa profondément étonné. Je me demandais pourquoi, au cours de toutes mes années de recherches sur l'esprit humain, personne ne m'avait jamais parlé de ce phénomène si remarquable. En même temps, je me rendais bien compte que j'avais toujours eu beaucoup d'imagination. Ma première idée fut qu'il s'agissait d'un phénomène assez rare qui ne se produisait que chez des gens comme moi.

Je passai aussitôt à l'étape suivante. J'appelai ma femme, qui a les pieds sur terre, et lui demandai de monter me rejoindre dans mon bureau pour regarder dans la boule de cristal. Elle se concentra pendant une demi-heure puis se retourna vers moi avec un petit sourire : « Très curieux », me dit-elle. Elle avait vu plusieurs images très vivantes, certaines issues de son enfance et d'autres de sources non identifiables.

Cela ne me suffisait pas. Je demandai la collaboration d'un de mes collègues, un excellent psychothérapeute doué d'un plus grand sens pratique que moi. Je me rendis chez lui, ma boule de cristal sous le bras, et je lui expliquai comment s'en servir. Lui aussi fut abasourdi par ce qu'il voyait.

Puis j'apportai quatre boules de cristal dans un de mes cours du soir. Je les installai au milieu de la salle puis je diminuai l'éclairage et je fis passer une musique relaxante. Trois quarts d'heure plus tard, je rallumai et j'interrogeai mes quarante étudiants. Plus de la moitié d'entre eux avaient eu un résultat ahurissant.

L'un d'entre eux me remercia pour ce « vrai voyage au pays des rêves ».

Une autre étudiante, une Pakistanaise, fut émue aux larmes par des images de son enfance dans son pays natal.

Deux groupes avaient vu la même image. Deux étudiants assis près de la même boule décrivirent une silhouette encapuchonnée vêtue d'un long vêtement sombre. Deux autres avaient vu une ballerine qui dansait dans la boule en suivant la musique de fond que j'avais choisie.

Plusieurs autres étudiants dirent aussi que les images qu'ils voyaient suivaient la musique.

C'était des résultats bien intrigants. Je refis l'expérience avec une autre classe, avec le même résultat : près de la moitié des étudiants avaient vu des images extrêmement nettes.

Du cours à la clinique

La curiosité nous poussa à tester la boule de cristal dans un cadre clinique. En effet, cela nous paraissait à tous une excellente méthode de projection.

On utilise les techniques de projection pour savoir ce qui se passe dans l'esprit de quelqu'un. Un exemple connu est celui du test de Rorschach, où l'on montre au client une série de taches d'encre en lui demandant ce qu'il y voit. Ses interprétations donnent des indications sur ses préoccupations.

Avec la boule de cristal, nous avons découvert un test infiniment plus pur puisqu'il n'est pas limité par les formes ou les lignes de départ. Comme la boule de cristal est un médium transparent, nous savons que, quoi que la personne puisse y voir, c'est un produit de son travail intérieur et non pas un dérivé de la forme de la tache d'encre.

Nous nous sommes rendu compte que l'on peut regrouper les images en plusieurs groupes typiques. L'un d'eux est celui des images de visages ou de gens, connus du sujet ou pas. Ces personnages sont vus dans différentes situations et selon divers scénarios. Le sujet peut aussi voir des souvenirs d'enfance, des choses qui sont arrivées il y a si longtemps qu'il n'y a peut-être jamais repensé.

Comme dans les régressions sous hypnose, on ne peut diriger volontairement les scénarios de ce que l'on voit dans la boule de cristal. Par exemple, si l'on voit un groupe de gens assis à une table, on ne peut pas leur « dire » ce que l'on voudrait les voir faire ensuite. Au contraire, on a toutes les chances de faire disparaître l'image en essayant de la modifier.

Cependant, cela ne signifie pas que l'on ne peut pas définir le « contexte » dans lequel on désire voir ces images apparaître.

On peut très bien s'installer devant sa boule de cristal avec une idée précise de ce que l'on veut obtenir, du cadre dans lequel on veut placer son expérience. On peut par exemple se dire : « Je vais regarder dans ma boule de cristal pour voir des images qui parleront de ma relation avec mon conjoint » (ou d'une phobie, ou d'un problème de comportement). En général, les images qui se forment alors se conforment au thème choisi.

Un soir, je décidai de relier cette découverte aux expériences de vies antérieures. Je m'installai confortablement avec ma boule de cristal et je me donnai silencieusement la suggestion suivante : les images révéleraient une vie antérieure qui aurait un lien avec ma vie actuelle.

Je me laissai aller et une série d'images apparut... Ces images n'étaient rien d'autre que celles de la vie où j'avais été une artiste chinoise !

Très étonné par cette expérience, je décidai de la répéter avec différents patients.

Margaret de Mandchourie

Margaret fut la première à utiliser cette nouvelle méthode. C'est une femme d'une trentaine d'années, bien familiarisée avec les régressions sous hypnose. Je commençai par une induction de quelques minutes pour qu'elle soit parfaitement détendue puis je lui suggérai qu'elle allait ouvrir les yeux dans quelques instants et regarder dans la boule de cristal.

« Quand vous regarderez dans cette boule, lui dis-je, vous verrez une vie antérieure qui a un rapport avec des choses que vous vivez en ce moment. »

Son visage refléta toute une gamme d'émotions. Elle paraissait triste puis heureuse, et parfois très concentrée. Quand ce fut fini, elle me raconta une histoire merveilleuse.

> *J'étais une petite fille dans une ancienne tribu chinoise. Nous vivions sous la tente et nous parcourions librement les plaines. Dans mes premiers souvenirs, il y avait mon père en train de maltraiter un cheval : il le fouettait cruellement pour le faire avancer. Je me souviens d'avoir pleuré à cause de sa cruauté mais il a ri parce qu'il ne pouvait pas comprendre en quoi cela me bouleversait.*
>
> *J'avançai dans le temps. Je portais un costume de cuir, de lourdes bottes et des vêtements comme de la laine. Il faisait très froid avec un temps neigeux.*

J'étais adolescente et j'avais l'impression de m'être endurcie au contact de mon environnement. J'avais aussi l'impression que nous formions une tribu très exclusive et terriblement cruelle à l'égard des étrangers. La cruauté ne me dérangeait plus car j'avais accepté le fait que c'était ainsi qu'il fallait se comporter.

Je vis d'autres scènes. La tribu se déplaçait en formant une forte armée. A un moment, je nous vis en train de brûler une auberge. Nous avions fondu dessus comme une bande de sauvages et nous l'avions incendiée de fond en comble.

A un autre moment, nous attaquions une ville fortifiée avec une catapulte qui envoyait des boules de feu.

En prenant de l'âge, je commençai à me sentir usée par cette vie. J'étais morte de fatigue, littéralement épuisée. J'avais plusieurs enfants qui tournaient autour de moi et un mari qui, tout en étant très cruel envers les gens du monde extérieur, était très rassurant pour moi. A un moment, je nous vis descendre à la rivière pour prendre de l'eau. C'était une petite expédition familiale, du genre de ce que l'on peut voir dans nos centres commerciaux modernes.

Enfin, je me vis dans une tente entourée par quelques-uns de mes enfants. J'étais une vieille femme aux cheveux gris et raides, près de mourir. Et ça s'est arrêté là.

Cette régression reflète sa vie sur bien des points. Elle s'est mariée dans une famille où l'esprit de clan est très fort, qui est compréhensive pour ses membres mais peu tolérante pour qui n'appartient pas à son sang. Son mari est l'incarnation même de cette attitude. Quoiqu'il soit plein d'attentions à son égard et très aimant, il n'est pas particulièrement aimable envers ceux qui travaillent pour lui dans son magasin. Il est intéressant de noter que, quand il prend un de ses employés à faire quelque chose qui ne lui plaît pas, il « fond sur lui » et « attaque ».

Cette femme a deux enfants mais voudrait en avoir plus car, pour elle, les enfants représentent la sécurité.

L'île de David

Après Margaret, je fis essayer la boule de cristal par plusieurs autres personnes, avec des résultats remarquables à chaque fois, comme dans le cas d'un de mes clients, David.

C'est un jeune homme assez rude du Sud rural, pas très raffiné, comme ses parents si l'on en croit la description qu'il en donne. Sa mère s'occupe de la maison, et son père est agent d'assurances.

David donne l'impression d'un être « délavé ». Il a des cheveux d'un blond cendré, des yeux gris pâle, et même ses vêtements sont choisis dans la gamme de couleurs la plus discrète qu'il puisse trouver.

Je mentionne son aspect incolore uniquement parce que son expérience de la boule de cristal fut une des plus colorées que l'on m'ait jamais racontées :

Je vis un groupe de gens sur une plage. Ils avaient fait un feu et ils y cuisaient quelque chose qui avait l'air d'un poisson. Mais la nourriture ne m'intéressait pas autant que les gens et l'endroit.

Nous étions sur une île, pas très grande. J'ai pu regarder au-dessus de cette image et j'ai vu les collines derrière nous. Je savais que je pouvais faire le tour de cette île en un rien de temps.

Nous portions des vêtements très colorés que nous avions teints, faits d'une matière qui ressemblait presque à du papier. Quand les gens qui étaient autour de moi marchaient, leurs jupes bruissaient comme une feuille de papier. Les couleurs étaient très vives et faisaient un contraste puissant avec le vert brillant des arbres et le rouge vif des fleurs.

Dans la scène suivante, j'étais avec un groupe de ces gens, et nous courions sur la partie de la plage laissée à découvert par la marée basse pour prendre les poissons pris au piège dans les flaques d'eau. Nous étions heureux. Il y avait aussi des fruits en abondance sur cette île, tous savoureux et nourrissants.

Il y avait un sentiment très tribal entre les gens du groupe. Je n'avais pas l'impression qu'un tel ou une telle était mon père ou ma mère, mais que nous faisions tous corps. Le plus étonnant pour moi, c'était que je ne pouvais pas dire si j'étais un homme ou une femme, mais je sais que j'étais très jeune.

Il y avait une personne à qui j'étais très étroitement attaché. C'était un des vieux de la tribu, un

> *homme chaleureux avec un ventre énorme et des cheveux noirs bouclés. C'était le point d'ancrage de ma vie. Je me souviens d'être assis sur la plage près de lui ; nous parlions, et je me sentais très bien, mais je ne me souviens pas de ce dont nous parlions.*

Je trouvai intéressant que sa régression l'ait amené sur une île où il ne pouvait pas grandir. Cela semblait bien refléter sa vie où ses parents sont des gens inquiets, qui en veulent à leur fils d'avoir « quitté le nid » et d'explorer des choses qu'ils ne comprennent pas vraiment. Comme le dit David : « Ils essayent toujours de me faire retomber dans le bourbier. » Il veut dire par là qu'ils essayent toujours de le faire rester à la maison comme un enfant.

Le vieil homme dont David se sent proche n'est pas son père, car il reconnaît clairement n'avoir pas beaucoup de respect pour lui. Cela ne peut pas non plus être l'un de ses grands-pères, car ils sont morts tous deux avant sa naissance. Après en avoir parlé, David a conclu que cet homme était un flic de sa ville, un homme très sympathique, qui avait été un ami pour lui dans son enfance.

Le mystère de Michael

Une des régressions les plus vivantes et les plus paradoxales que j'ai menées concerne Michael. Sa régression se fit dans le cadre d'un mélange d'hypnose et de lecture dans la boule de cristal qui est assez ahurissant par sa complexité et son origine.

Je ne peux mieux décrire Michael qu'en disant que c'est quelqu'un de concret. Il paraîtrait exactement à sa place s'il sonnait à votre porte pour réparer votre réfrigérateur ou vous livrer le lait.

Il a été élevé dans une ferme de 150 hectares en Caroline du Nord, où il s'occupait des animaux et passait une bonne partie de ses journées à chasser et pêcher avec ses frères.

Michael n'est pas un cérébral et reconnaît sans aucune gêne que l'histoire ne l'intéresse que très peu et qu'il n'y connaît pas grand-chose, sinon rien du tout. Pourtant, sa régression l'amena dans l'Europe occidentale du XVIIe siècle. Il y passa d'une enfance riche à une enfance pauvre pour devenir un bureaucrate de la monarchie hongroise.

> *Dans la première scène, je me vis sur une route dans un carrosse. Il faisait froid, et je me pelotonnais contre ma mère. Je regardais par la fenêtre, effrayé parce que nous étions dans un quartier pauvre de la ville et qu'une meute de chiens courait derrière le carrosse en aboyant.*
>
> *Le carrosse s'arrêta, et je m'aperçus brusquement que la perspective avait changé. J'étais à l'extérieur du carrosse et je regardais la porte qui s'ouvrait : nous étions arrivés chez nous. Une vieille femme habillée de vêtements usés sortit de la maison pour nous accueillir.*
>
> *Je me vis descendre de la voiture. Je portais un bonnet piqué marron pour avoir chaud, mais j'avais quand même quelques cheveux qui s'étaient*

échappés de mon bonnet. Ils étaient très noirs et me pendaient sur la figure, que j'avais ronde et très plate.

Je voyais même mes vêtements dans tous leurs détails. Ils étaient froissés mais riches ; mes parents — qui descendaient du carrosse derrière moi — étaient bien habillés, et à l'évidence fortunés. Ma mère portait une espèce de collier avec des pierres précieuses, et mon père avait un superbe chapeau.

Descendant du carrosse, mes parents ne s'occupaient pas du tout de moi. Ils étaient plongés dans une discussion animée. Mon père était arrogant, hautain et, en même temps, peu sûr de lui.

Ma mère était une femme angoissée à l'esprit confus, qui semblait sur le point de se briser comme une coquille d'œuf en parlant avec mon père.

Dans l'une des scènes, je me retrouvai de nouveau dans notre maison de Budapest. J'ai pu nous observer, mes parents et moi, canotant sur la rivière. C'était une de leurs activités favorites.

J'avançai brusquement dans le temps, jusqu'à l'un des épisodes pénibles de cette vie, la maladie de mon père. Il mourait de consomption. Je me souviens de l'avoir vu aux dernières heures de sa vie, en train de suffoquer. Je voyais ma mère devenir folle à la vue de l'horrible scène.

J'éprouvais un sentiment de pure terreur à la voir se conduire ainsi. Je savais qu'elle serait incapable de me protéger.

Ensuite, j'ai pu me souvenir d'une période de quelques années où notre argent filait à toute vitesse, où l'on vendait tout ce qu'il y avait dans la maison jusqu'à ce qu'il ne reste plus rien que ma mère, moi et les murs nus. Pour finir, elle dut vendre la maison et retourner chez ses parents, dans le village où elle était née.

Je me souviens d'avoir été impressionné par les maisons de ce village, belles et pittoresques. Mais je me souviens aussi d'avoir été frappé par le désespoir des habitants. Il y régnait une atmosphère très triste.

J'ai vu une scène où il y avait une inondation. Je me vis avec ma mère : on nous éveillait en nous disant de nous enfuir à toute vitesse. Comme nous courions sur la route pour parvenir à un endroit surélevé, un immense flot noir envahit les rues.

Nous survécûmes mais tous nos biens étaient détruits. Tout ce qui restait de la richesse de mes premières années avait été détruit par l'eau.

Je n'avais pas d'ami dans cette ville, sauf un maître d'école très gentil qui s'était pris d'amitié pour moi. Il me donna l'amour de l'étude, ce qui n'était pas une moindre tâche à cette époque de ma vie. En effet, mon père avait toujours insisté avec tant d'autorité pour que j'étudie que c'en était presque abusif. Je fis une scène où j'essayais de toutes mes forces d'apprendre dans un livre tandis que mon père se tenait au-dessus de moi et me grondait parce que je ne comprenais pas ce que je lisais. Cela m'avait laissé terrorisé.

Mais ce maître m'apprit à aimer l'étude. Plus il me faisait travailler, plus je me rendais compte que je devrais m'engager dans une carrière administrative, ce que je fis.

Je fis un bond de plusieurs années dans le temps et je me retrouvai jeune homme, dans une voiture en route vers Budapest.

Je revenais dans la capitale. Je commençai à travailler dans l'Administration. Tous les jours, je quittais mon petit logement pour me rendre à mon bureau. Mon appartement était si proche de mon ancienne maison que de passer devant elle tous les jours était une source de tension.

Je ne me suis pas marié, préférant vivre seul.

En effet, je vivais pour accomplir un travail de bureaucrate dépourvu du moindre sens. Tous les jours, je franchissais ces lourdes portes de bois et je traversais un long hall marbré pour rejoindre mon bureau. Et j'y restais assis toute la journée à classer des dossiers d'imposition.

J'ai pu aller jusqu'au jour de ma mort, peu après mes quarante ans. Comme mon père, je mourus de consomption. Je me souviens de m'être observé du plafond quand le docteur vint me voir. J'étais devenu très faible et très maigre, avec peu d'espoir de survivre. Je demandai au médecin ce qui m'arrivait, et il ne voulut pas me le dire. Mais il suffisait de me regarder pour comprendre que j'étais en train de mourir de la même façon que mon père.

Cette régression était aussi surprenante pour Michael que pour moi. Il se considérait comme bien trop réaliste pour seulement réussir une régression dans les vies antérieures. Que notre travail ait eu pour résultat une régression aussi complexe était une réelle surprise.

Nous étudiâmes l'un après l'autre tous les éléments de cette régression. Sa mère était une femme aux idées très claires, pas comme la femme égarée à l'esprit confus de la boule de cristal. Son père était aussi complètement différent, agréable à vivre et amusant, surtout pas arrogant comme l'homme de Budapest. Par ailleurs, Michael n'avait jamais vu d'inondation et n'avait jamais connu cette chute effrayante de la richesse à la pauvreté.

Nous avons travaillé sur cette régression au cours de plusieurs séances mais sans réussir à la relier à aucune de ses difficultés présentes. Cela reste une des plus curieuses régressions que j'aie jamais faites.

Les techniques de « voyance »

On le voit, les régressions accomplies à l'aide de la boule de cristal sont aussi détaillées que celles obtenues sous hypnose. S'il y a une différence, c'est surtout dans le contrôle que l'on peut exercer sur le déroulement de l'expérience : le sujet qui utilise une boule de cristal répond mieux à l'hypnose car il « contrôle » sa régression grâce à la boule. Il ne redoute plus de perdre le contrôle de lui-même, crainte qui empêche beaucoup de gens de se laisser hypnotiser.

Voici une liste de conseils à suivre si vous désirez utiliser une boule de cristal pour étudier les techniques de régression.

- Il vous faut une *surface claire,* ou tout objet dans lequel on peut regarder. Cela peut être une boule de cristal ou un miroir, mais je connais des gens qui réussissent très bien en regardant dans une casserole d'eau. En fait, on peut utiliser toutes sortes de médiums, l'essentiel est d'avoir une surface claire.

A propos, si vous optez pour la boule de cristal, une boule à bon marché fait aussi bien l'affaire. On en trouve en cristal de roche, mais c'est une dépense ruineuse et inutile.

• Si vous vous servez d'une boule, achetez en même temps un socle et un morceau de velours noir pour mettre sur la table où vous la poserez. Cela évite les reflets.

• Une bougie sera le meilleur éclairage pour mener votre expérience. Faites différents essais en la plaçant à des distances et à des endroits variés. Pour moi, une distance d'une soixantaine de centimètres entre la bougie et la boule me donne la lumière diffuse qui me convient le mieux.

• Suivez la même procédure d'induction que vous utiliseriez pour une séance d'hypnose normale. Si vous voulez faire votre propre enregistrement, utilisez le texte que je donne à la fin de ce livre. Simplement, quand vous êtes détendu et prêt pour la régression, dites-vous d'ouvrir les yeux et de regarder dans la boule de cristal.

• Soyez prêt à passer un certain temps à regarder dans la boule. Ne vous attendez pas à voir immédiatement quelque chose. Cela exige un certain état d'esprit, où l'on ne demande pas beaucoup, pas trop vite.

L'attitude adéquate est celle de la relaxation. Ah ! j'allais oublier le plus important : ayez de grands espoirs ! Beaucoup de gens se prédisent l'échec quand ils tentent cette étrange pratique. Prédire l'échec est le meilleur moyen de l'obtenir.

Une mise en garde

Faire l'expérience des vies antérieurs peut être une aventure spirituelle très épanouissante. Mais comme toutes les techniques puissantes de découverte de soi, elle comporte aussi des risques. Je le regrette particulièrement car j'ai l'impression que, dans notre société, beaucoup de gens s'embarquent avec impatience pour des voyages intérieurs qui, il y a seulement une génération, leur auraient valu scepticisme ou sarcasme de la part de leurs amis. Je connais plusieurs cas où des hypnotiseurs ont fait régresser d'importants groupes dans les vies antérieures, et d'autres cas où des groupes d'amis ou des gens qui s'étaient rencontrés par hasard ont fait l'expérience de cette technique sans grande préparation. Etant donné la fascination croissante qu'exerce la régression et le désir évident de nombreuses personnes de l'essayer, il est indispensable de mettre en garde contre certains abus auxquels peut conduire son mauvais usage.

On trouvera ci-dessous l'exposé de certains des dangers inhérents à la régression ; toutes ces mises en garde reposent sur ma pratique, en tant que sujet et en tant que guide. J'ai également tenu compte de l'expérience de confrères qui utilisent depuis longtemps la régression dans leur pratique et dans leurs recherches.

Je ne cherche pas à décourager les gens équilibrés, bien informés et sincères. Il me paraît simplement important de les avertir des écueils qu'ils peuvent rencontrer.

Il y a cinq grands pièges à éviter si l'on veut s'offrir un voyage dans les vies antérieures. Ce sont : les charlatans, la fascination des vies antérieures, les espoirs irréalistes, la fuite, et un ego démesuré.

Les charlatans

Comme il y a une énorme demande d'information sur les vies antérieures et que, par ailleurs, l'hypnose est une technique très facile à apprendre, on a vu des individus mal informés et dépourvus de toute formation sérieuse s'installer comme praticiens « experts » de la régression dans les vies antérieures. Ce problème est rendu particulièrement aigu par le fait qu'un petit nombre seulement de psychologues professionnels et de psychiatres s'intéressent à cette pratique. Il s'ensuit qu'on ne trouve que peu de professionnels confirmés pour servir de guides aux gens qui désirent explorer leurs vies passées.

La plupart des gens ont besoin d'être aidés par un guide ou un hypnotiseur, au moins pour les deux ou trois premières séances de régression. Pour réussir cet extraordinaire voyage, je vous conseille donc de choisir très soigneusement la personne à qui vous vous confiez. Pour mieux illustrer l'importance de ce choix, je veux citer ici un incident auquel j'ai assisté lors d'un séminaire sur les phénomènes spirituels et psychiques inhabituels.

A l'heure du déjeuner, je m'aperçus que l'un des auditeurs semblait très malade. Il vomissait et suffoquait. Quand il eut surmonté son malaise et qu'il put parler, il nous apprit ce qui l'avait rendu malade. Aussi incroyable que cela puisse paraître, quelques heures plus tôt, un hypnotiseur habitant dans un autre Etat que celui où se tenait la réunion l'avait hypnotisé par téléphone pour faire une régression. Or l'infortuné sujet était remonté jusqu'à une vie où il était mort par pendaison. Il était mentalement « accroché » à cet épisode au moment où nous l'avons vu s'étouffer au téléphone !

Je cite cette anecdote parce qu'elle représente une véritable « leçon de choses » : une régression est un événement qu'il faut « travailler », comme disent les psychothérapeutes, et qui réclame plusieurs séances. Quand on a libéré, par l'hypnose ou toute autre technique, des émotions importantes ou des souvenirs, il faut prendre le temps d'en parler et d'apprivoiser ces émotions en les intégrant à la trame de la vie courante.

D'une façon générale, je ne saurais trop vous engager à rester sur vos gardes vis-à-vis de ceux qui prétendent vous expliquer ce que sont vos vies antérieures. L'expérience m'a appris que la plupart de ceux qui affichent d'aussi grandes prétentions sont surtout intéressés par la possibilité de maintenir leurs clients dans une position de dépendance ou d'infériorité. Cherchez plutôt une personne qui vous guidera de telle sorte que vous pourrez tirer vous-même vos conclusions de l'expérience. Vérifiez aussi les références de votre guide. Qu'il s'agisse d'un hypnotiseur ou d'un psychothérapeute, assurez-vous qu'il a reçu une authentique formation professionnelle et qu'il a le droit d'exercer.

Au vu des résultats, j'estime qu'un bon guide aide le sujet à faire lui-même l'expérience d'une rencontre avec les vies antérieures et à comprendre sa vie présente à la lumière de la régression.

Dans l'idéal, un bon guide ne s'intéresse pas tant aux histoires issues des régressions qu'à l'outil qu'elles fournissent pour aider le sujet à connaître la vérité sur lui-même.

La fascination des vies antérieures

Si les voyages à la recherche des vies antérieures sont relativement nouveaux dans notre société, il y a eu, dans le monde entier et à toutes les époques, des cultures qui ne considéraient pas ces autres vies comme des événements mystérieux mais comme des faits allant de soi.

Nombre de ces cultures mettent en garde contre le risque d'attacher trop d'importance à ces expériences. Quoiqu'elles puissent se produire au cours d'une recherche spirituelle, elles sont classées comme de simples panoramas sur le chemin de la lumière. La réponse la plus fréquente de ces cultures au phénomène des vies antérieures est d'en prendre note, d'en apprendre ce qu'il y a à en apprendre, et d'éviter de s'y attacher au point de perdre de vue les buts de la vie.

Je pense vraiment que c'est un bon conseil. J'ai rencontré des gens tellement entichés de leurs vies antérieures que la régression devient pratiquement une fin en elle-même au lieu d'être un outil parmi d'autres sur le chemin de la connaissance de soi.

Une forme classique d'« obsession de la régression » se rencontre chez les gens qui s'acharnent à vérifier le moindre détail de leurs vies passées. Il existe deux grandes raisons à cela. D'abord, la vérification des éléments des régressions n'a jamais donné de résultats très satisfaisants. Ensuite, ces tentatives de vérification empêchent le sujet d'utiliser sa régression pour comprendre les difficultés de sa vie réelle, auxquelles la régression se rattache pourtant presque toujours.

Les espoirs irréalistes

De temps en temps, des gens viennent me consulter, joyeusement convaincus que, si seulement on les hypnotisait pour les ramener dans une vie antérieure, ils seraient radicalement soulagés de leurs conflits et de leurs problèmes.

Ces attentes sont totalement infondées. Même si cela se produit parfois, la régression sous hypnose n'est pas la panacée. Je crois que l'on en tire un plus grand bénéfice en l'abordant avec réalisme. Si l'on adopte une attitude ouverte et disponible, on a beaucoup plus de chances d'avoir une expérience satisfaisante que si l'on attend une solution magique à toutes les difficultés de la vie.

La fuite

La complexité croissante de la vie moderne contribue très certainement à l'intérêt actuel pour les vies antérieures. Le sentiment d'aliénation que tant d'entre nous éprouvent à l'égard des institutions contemporaines et des événements offre un contexte propice à la fuite par immersion dans d'autres vies et époques plus simples. Il est fort tentant d'échapper aux difficultés et aux tensions de la vie moderne en se laissant glisser dans une vie passée. Je me suis moi-même laissé prendre à ce piège. L'hypnose est un état très agréable et, quand j'ai commencé à explorer mes vies antérieures, j'ai trouvé très séduisant de provoquer ces spectacles intérieurs aussi souvent que possible.

Or, aussi distrayantes que puissent être ces expériences, on en bénéficie bien plus si l'on évite de s'en servir comme d'un moyen de fuite et que l'on s'attache, au contraire, à les relier à la vie quotidienne.

Un ego démesuré

Le manque de confiance en soi peut être terriblement destructeur. Beaucoup de psychologues et de psychiatres affirment que la perte de la confiance en soi est au cœur même de la dépression, l'un des désordres mentaux les plus paralysants et les plus courants.

L'individu qui doute de sa valeur peut en être tellement perturbé que l'esprit emploie parfois les grands moyens pour se défendre contre ce sentiment si pénible ; cela aboutit fréquemment à toutes sortes d'étranges subterfuges pour éviter d'affronter la douleur du mépris de soi.

Il n'est donc pas surprenant que des sujets dépressifs s'attachent parfois à la régression comme à un moyen de soigner leur absence de sentiments positifs vis-à-vis d'eux-mêmes. Après tout, il est facile de constater à quel point d'apparents souvenirs de vies antérieures peuvent être distordus en une explication assez séduisante. A la question :

« Pourquoi suis-je si peu de chose dans cette vie ? » l'inconscient peut répondre : « Dans une autre vie, j'étais puissant, sage, riche et on me respectait. »

Cela peut paraître assez invraisemblable, mais j'ai rencontré plus d'une personne complètement fascinée par ce genre de déraisonnement. Malheureusement, ce type de défense psychologique est inefficace. Nous avons tous besoin de notre propre estime, mais la valeur que nous nous reconnaissons est en rapport direct avec nos besoins dans cette vie. Pour être heureux, c'est dans notre vie actuelle que nous devons gagner notre confiance en nous-même. Le recours à une vie précédente heureuse ne peut pas nous rendre heureux dans la vie actuelle si nous ne le sommes pas déjà ! Chercher le bonheur dans un « âge d'or » personnel est illusoire. En outre, se lancer dans une régression avec un état d'esprit aussi désespéré revient à s'assurer de ne pas obtenir le meilleur résultat possible.

D'après ce que j'ai pu constater, les régressions les plus positives se produisent quand le sujet arrive dans un état d'esprit détendu, curieux de ce qui peut se produire, sans attendre de l'expérience qu'elle restaure une image de soi détériorée.

Ceux qui adoptent des comportements irréalistes et excessifs dans l'espoir de se sentir mieux dans leur peau paraissent souvent prétentieux. C'est pourquoi on peut à juste titre parler ici d'un « ego démesuré ». Pourtant, il est important de ne pas oublier que ce genre de comportement provient d'un profond manque d'assurance. Ceux qui tentent de conserver un minimum d'assurance en s'identifiant avec une prétendue supériorité passée ne font que prolonger leur souffrance en évitant de traiter le fond du problème.

Paradoxalement, les régressions utilisées volontairement et intelligemment comme un outil de découverte de soi peuvent améliorer la connaissance de soi et, par contrecoup, restaurer la confiance en soi.

En s'emparant trop vite d'une expérience de vie antérieure pour réparer la perte de confiance en soi, on se prive en réalité d'un développement de la conscience de soi qu'une exploration plus réfléchie aurait permis.

10

Conclusions

Au cours de mes recherches sur les expériences de vies antérieures, j'ai mené plus de 200 régressions sous hypnose avec des sujets très motivés. Certains ont eu des expériences très fortes où ils ont remonté le temps pour se voir dans plusieurs autres cultures et dans des situations très diverses. D'autres n'ont pu obtenir que des aperçus rapides d'une autre vie avant de se retrouver dans le présent. Une très faible proportion, environ 10 p. 100, n'a rien vu.

Ces expériences ont toutes été passionnantes et, pour beaucoup, avaient des origines faciles à identifier. Par exemple, certaines reflétaient une relation difficile ou quelque névrose cachée. D'autres révélaient clairement l'image que le sujet avait de lui-même. On l'a vu, un homme qui se sent peu à l'aise avec les femmes retrouvera une vie où il était dominé par les femmes. Le lien entre le passé et le présent n'est souvent pas plus compliqué !

Parfois, cependant, il n'est pas si facile de découvrir les racines d'une vie antérieure. Je n'ai pas d'explication à proposer à ces quelques cas intrigants où une vie antérieure vue dans une régression correspond à la vie de quelqu'un qui a réellement existé dans le passé. La science ne l'explique pas plus que moi. Quand on rencontre une de ces « bizarreries » (comme les appellent nombre de mes confrères), on s'en débarrasse le plus souvent comme des illustrations des phénomènes de cryptomnésie ou de xénoglossie, une sorte de régurgitation mentale de connaissances oubliées. Dans un monde où la recherche scientifique porte sur l'obtention d'une réponse identique à un traitement spécifique dans des grands groupes, le moyen le plus sûr de traiter les « bizarreries » est de les accumuler dans une catégorie jusqu'à ce que leur nombre interdise de les ignorer.

« *Les prétentions extraordinaires* »

On le voit, il est quasi impossible de tirer des conclusions scientifiques. Il s'agit d'un phénomène de nature anecdotique : des gens qui racontent des histoires qui ne concernent qu'eux-mêmes. Il n'existe souvent aucun moyen de confirmer leurs récits, puisque qu'une vérification par recoupements exige que le sujet donne des dates précises et que l'on possède par ailleurs une vaste documentation sur la période concernée. Surtout, il n'y a aucun moyen de rendre compte de tous les facteurs psychologiques : dans quelle proportion ces récits sont-ils composés de « vieux matériel » retenu par l'inconscient ? Quelle proportion contiennent-ils de problèmes profondément enfouis dans l'inconscient qui s'expriment ainsi ? Il n'y a vraiment aucun moyen de le savoir.

Après tout ce travail, j'aurais aimé trouver au moins un élément qui apporte une preuve positive de la réincarnation. Mais c'est absolument impossible. Comme l'ont dit les épistémologistes : « Des prétentions extraordinaires exigent des preuves extraordinaires. » En ce qui concerne la réincarnation, personne n'a encore pu fournir de preuve indiscutable.

Il n'en reste pas moins que la question essentielle de la plupart des gens qui s'intéressent aux régressions dans les vies antérieures se pose ainsi : ces expériences impliquent-elles, d'une façon ou d'une autre, l'existence de la réincarnation ?

L'hypothèse de la réincarnation est séduisante pour l'esprit en ce qu'elle offre une perspective où la vie devient, en elle-même, une sorte de processus d'apprentissage.

Nous avons tous des souvenirs de choix douloureux ou d'actions qu'avec le recul nous avons fini par vivement regretter. Ce serait effectivement bien sympathique d'avoir plusieurs occasions de chercher à être aimé, à être heureux, à se réaliser pleinement, grâce à un processus de développement personnel plus long que celui autorisé par une seule vie. La vie est si complexe, parfois si déroutante et difficile qu'on peut bien trouver injuste de n'avoir droit qu'à une seule chance pour maîtriser et comprendre cet infini mystère.

Or, c'est précisément parce que nous aimerions croire en la réincarnation que nous devons être extrêmement prudents avant d'accepter toute observation ou tout fait qui semble aller en ce sens. Après tout, il nous est très facile de nous illusionner afin de croire quelque chose que nos réactions émotionnelles nous donnent envie de croire.

Un bon exemple de ce processus psychologique est fourni par la récente controverse scientifique sur la fusion à froid. Un physicien de l'Utah a déclaré qu'il pouvait produire de l'énergie par un procédé bien plus « propre » et plus sûr que la fusion nucléaire utilisée dans les réacteurs.

Malheureusement, au moment où j'écris ces lignes, il semble que l'opinion de la majorité des spécialistes aille dans le sens d'une observation erronée de la part de ce physicien. Il y a très certainement, là, une belle illustration du comportement où l'on prend ses désirs pour des réalités.

On pourrait sans doute dire la même chose de la réincarnation. Tant de gens désirent tellement que cela soit vrai que cela pourrait aboutir à des attentes psychologiquement malsaines.

Nous devons aussi garder à l'esprit que la réincarnation — si elle existe — pourrait être très différente de ce que nous imaginons. Au point même de dépasser notre entendement.

Pour prendre une comparaison, supposons que

nous demandons à une classe de maternelle : « Comment vivrez-vous après l'université ? » L'enfant qui pourrait donner le commencement d'un début de réponse à une pareille question serait vraiment exceptionnel ! Les réponses normales n'approcheraient même pas un instant de la réalité presque incompréhensible de la vie à la sortie de la fac. Toute tentative de description de la part d'un de ces enfants ne serait qu'une extrapolation lourdement erronée de sa vie au jardin d'enfants.

Les petits enfants ignorent tout des complications de la vie adulte, ne serait-ce que de l'importance du facteur sexuel dans les relations humaines, qui est sans doute un des éléments les plus puissants de la formation d'une personnalité. Les enfants ne peuvent pas non plus comprendre le monde du travail ou même la responsabilité d'une famille.

Si l'on pouvait montrer à un enfant ce que sera sa vie vingt ans plus tard, cela lui apparaîtrait sans doute comme une histoire étonnante, et pleine d'imagination.

S'il y a une vie après la mort, on peut donc bien se demander quelle sera l'importance du fossé entre les histoires que nous considérons actuellement comme la vérité, et la réalité de l'au-delà. Même les gens que l'on a pu réanime in extremis, ceux qui ont frôlé la mort de près, sont unanimes à dire que le langage terrestre ne peut traduire la nature de l'expérience extraordinaire qu'ils ont eue en croisant la mort sur leur chemin.

Je crois que les expériences de vies antérieures deviennent plus compréhensibles dès qu'on les replace dans le contexte de notre appréhension du processus historique.

Ces expériences ont peut-être un rapport avec la façon dont nous comprenons notre histoire. On peut très bien envisager qu'elles soient un moyen d'approcher de cette réalité : l'homme vit depuis des milliers et des milliers d'années, dans des centaines de cultures différentes, avec des modes de vie très variés. La civilisation nous brouille l'esprit, en particulier dans nos capacités de considérer notre histoire clairement, de l'âge de la pierre à l'âge de l'ordinateur. Il est très possible que l'inconscient de chaque individu soit en train de se battre pour découvrir où nous nous plaçons dans cette longue chaîne de l'humanité.

Réincarnation : le verdict

On m'a récemment posé la question suivante : si l'on décidait de porter devant les tribunaux la question de la réincarnation, quel serait le verdict ? A mon avis, les jurés trancheraient en faveur de la réincarnation. Après tout, pour la plupart des gens, ces vies antérieures sont trop déconcertantes pour qu'on les explique autrement.

En ce qui me concerne, mon expérience des vies antérieures a transformé mon système de croyances. Je ne considère plus ces expériences comme des « bizarreries ». Je les vois désormais comme des événements normaux qui peuvent arriver à toute personne susceptible de se laisser hypnotiser. Ce sont, au moins, des révélations jaillies des profondeurs de l'inconscient. Au plus, elles prouvent qu'il y a une vie avant la vie.

J'attends le verdict.

11

Méthode d'auto-hypnose pour travailler seul

La peur de perdre le contrôle de soi empêche beaucoup de gens de se laisser hypnotiser ou même seulement d'aller chez un hypnotiseur.

Un bon hypnothérapeute n'abusera pas de son pouvoir mais il peut être positif, pour certaines personnes, d'approcher l'hypnose toutes seules pour ne plus en avoir peur. C'est pourquoi je propose ici un texte que vous pourrez enregistrer vous-même pour découvrir l'auto-hypnose. Cette séquence est prévue pour vous permettre d'accéder à vos vies antérieures. Il est possible que cela marche dès la première fois, mais, en général, il faut plusieurs essais. En hypnose, la clef du succès est la patience et la persévérance.

Lisez cette méthode tranquillement et calmement quand vous voudrez faire votre enregistrement. N'oubliez pas que le but en est de vous mettre sous hypnose, ce qui vous demande d'être détendu. Eventuellement, utilisez un chronomètre pour mesurer les intervalles entre les différentes phases de l'induction.

Avant d'enregistrer, lisez le texte deux ou trois fois pour vous en pénétrer. Quand vous vous sentez prêt, vous n'avez plus qu'à enclencher votre magnétophone.

Texte de la séance d'auto-hypnose

Déplacez le centre de votre conscience — le centre même de votre conscience — dans les muscles de vos paupières.
(5 secondes)

Vous prenez tout doucement conscience que toutes vos tensions vous quittent et que vous vous détendez.
(5 secondes)

Vous vous détendez.
(2 secondes)

Vous vous détendez.
(2 secondes)

Maintenant, vous devenez de plus en plus conscient de vos yeux. Laissez vos yeux se détendre. Sentez comme ils se détendent et se reposent.
(5 secondes)

Vous êtes détendu.
(2 secondes)

Vous êtes détendu.

Maintenant, déplacez le centre de votre conscience vers les muscles du haut de votre visage.

(2 secondes)

Vous prenez conscience de ces muscles. Maintenant. Vous vous détendez.

(2 secondes)

Vous vous détendez.

(2 secondes)

Vous vous détendez.

(2 secondes)

Maintenant, vous prenez conscience de vos joues. Sentez comme toutes les tensions s'en vont de vos joues.

(2 secondes)

Vous vous détendez.

(2 secondes)

Vous vous détendez.

(2 secondes)

Vous vous détendez.

(2 secondes)

Maintenant, vous prenez conscience des muscles qui entourent votre bouche. Et vos lèvres. Sentez comme la tension s'en va... et...

Vous vous détendez.

(2 secondes)

Vous vous détendez.

(2 secondes)

Vous vous détendez.

(2 secondes)

Maintenant, sentez les muscles de votre mâchoire qui se relâchent. Vous sentez ces muscles se détendre. Vous êtes tellement détendu que votre mâchoire tombe toute seule.

(2 secondes)

Vous vous détendez.

(2 secondes)

Vous vous détendez.

(2 secondes)

Vous vous détendez.

(2 secondes)

Si vous avez besoin d'avaler votre salive, vous vous apercevrez que vous pouvez le faire très normalement, tout en restant très, très détendu.

(2 secondes)

Maintenant, vous sentez les muscles de votre front. Prenez conscience de ces muscles. Sentez comme ils se détendent.

(2 secondes)

Vous vous détendez.

(2 secondes)

Vous vous détendez.

(2 secondes)

Vous vous détendez.

(2 secondes)

Maintenant, vous êtes complètement détendu, passez à votre cuir chevelu. Sentez comme votre cuir chevelu se détend.

(2 secondes)

Vous vous détendez.

(2 secondes)

Vous vous détendez.

(2 secondes)

Vous vous détendez.

(2 secondes)

Maintenant, déplacez le centre de votre conscience dans les muscles qui sont à l'arrière de votre tête... Et dans votre nuque... Et vous vous détendez.
(2 secondes)

Vous vous détendez.
(2 secondes)

Vous vous détendez.
(2 secondes)

Toute votre tête est parfaitement détendue. Vous commencez à sentir comme elle est lourde. Elle est si détendue, si lourde qu'elle s'enfonce toute seule dans le coussin.
(3 secondes)

Maintenant, ramenez le centre de votre conscience à vos narines. Vous prenez conscience de vos narines... Et vous sentez l'air qui entre et qui sort.
(2 secondes)

Qui entre et qui sort.
(2 secondes)

Qui entre et qui sort.
(2 secondes)

Sentez comme c'est bon, cet air qui entre dans vos narines et passe dans votre nez... Descend dans votre gorge et dans vos poumons.
(2 secondes)

Sentez ce merveilleux mouvement qui se fait dans vos poumons à l'entrée et à la sortie de l'air.
(2 secondes)

Sentez comme le libre passage de l'air vous fait vous sentir de plus en plus détendu. De plus en plus

à l'aise. De plus en plus profondément détendu.
(2 secondes)

Maintenant, prenez une profonde inspiration — aussi profonde que vous le pouvez — et sentez les muscles de votre cage thoracique qui se détendent.
(2 secondes)

Vous vous détendez.
(2 secondes)

Vous vous détendez.
(2 secondes)

Vous respirez toujours profondément et vous vous détendez de plus en plus.
(2 secondes)

De plus en plus détendu.
(2 secondes)

Sentez la détente qui gagne les muscles de l'abdomen. Prenez conscience de ces muscles.
(2 secondes)

Vous vous détendez.
(2 secondes)

Vous vous détendez.
(2 secondes)

Vous vous détendez.
(2 secondes)

Vous êtes détendu, complètement détendu.
(2 secondes)

Maintenant, vous prenez conscience de vos muscles depuis la nuque jusqu'en bas de votre colonne vertébrale.
(2 secondes)

Donnez toute votre attention aux muscles de votre colonne vertébrale.
(2 secondes)
Vous vous détendez.
(2 secondes)
Vous vous détendez.
(2 secondes)
Vous vous détendez.
(2 secondes)
Maintenant, sentez le haut de votre corps se détendre lentement. Sentez comme il devient lourd au fur et à mesure qu'il se dénoue.
(2 secondes)
Il est lourd.
(2 secondes)
Très, très lourd.
(2 secondes)
Maintenant, commencez à détendre vos épaules. Votre épaule droite. Concentrez toute votre attention sur cette épaule et laissez-la se détendre.
(2 secondes)
Vous vous détendez.
(2 secondes)
Vous vous détendez.
(2 secondes)
Vous vous détendez.
(2 secondes)
Maintenant, sentez les muscles de votre bras droit qui se détendent. Sentez ces muscles se détendre.
(2 secondes)

Vous vous détendez.
(2 secondes)
Vous vous détendez.
(2 secondes)
Vous vous détendez.
(2 secondes)

Maintenant, faites descendre le centre de votre conscience dans les muscles de votre bras droit. Vous prenez conscience de ces muscles. Laissez-les se détendre.
(2 secondes)
Vous vous détendez.
(2 secondes)
Vous vous détendez.
(2 secondes)
Vous vous détendez.
(2 secondes)

Maintenant, déplacez votre attention dans les muscles de votre poignet droit et de votre main droite. Vous allez jusqu'au bout de vos doigts. Laissez-les se détendre.
(2 secondes)
Vous vous détendez.
(2 secondes)
Vous vous détendez.
(2 secondes)
Vous vous détendez.
(2 secondes)

Maintenant, ramenez votre attention dans votre épaule gauche. Concentrez toute votre attention dans cette épaule et laissez-la se détendre.

(2 secondes)

Vous vous détendez.

(2 secondes)

Vous vous détendez.

(2 secondes)

Vous vous détendez.

(2 secondes)

Maintenant, sentez les muscles de votre bras gauche qui se détendent. Sentez ces muscles se détendre.

(2 secondes)

Vous vous détendez.

(2 secondes)

Vous vous détendez.

(2 secondes)

Vous vous détendez.

(2 secondes)

Maintenant, faites descendre le centre de votre conscience dans les muscles de votre bras gauche. Laissez-les se détendre.

(2 secondes)

Vous vous détendez.

(2 secondes)

Vous vous détendez.

(2 secondes)

Vous vous détendez.

(2 secondes)

Maintenant, déplacez votre attention dans les muscles de votre poignet gauche et de votre main. Allez jusqu'au bout des doigts. Et laissez-les se détendre.

(2 secondes)

Vous vous détendez.

(2 secondes)

Vous vous détendez.

(2 secondes)

Vous vous détendez.

(2 secondes)

Maintenant, déplacez le centre de votre conscience jusque dans les muscles de votre jambe gauche.

Maintenant, vous sentez le haut de votre cuisse gauche qui se détend. Sentez cette détente qui descend jusque dans votre genou. Prenez conscience de ces muscles, et vous vous détendez.

(2 secondes)

Vous vous détendez.

(2 secondes)

Vous vous détendez.

(2 secondes)

Vous vous détendez.

(2 secondes)

Maintenant, vous sentez la détente qui descend le long de votre jambe gauche. Dans votre mollet. Jusqu'au bout de vos orteils. Maintenant, vous vous détendez.

(2 secondes)

Vous vous détendez.

(2 secondes)

Vous vous détendez.

(2 secondes)

Vous vous détendez.

(2 secondes)

Vous vous rendez compte que tout le côté gauche de votre corps, du sommet de la tête jusqu'aux orteils, est très lourd, très détendu.

(2 secondes)

Vous vous sentez très détendu, complètement détendu.

(2 secondes)

Tout votre corps est maintenant très lourd. C'est comme s'il était en train de sombrer dans les coussins du divan.

(2 secondes)

Et si vous avez l'impression d'avoir la bouche sèche, vous pouvez vous soulager en déplaçant votre attention au creux de votre estomac.

(5 secondes)

Maintenant, je vais compter à rebours, de dix à zéro. A chaque chiffre que je dirai, vous vous sentirez encore plus détendu, toujours plus détendu. Quand je dirai zéro, vous vous sentirez aussi bien et profondément détendu que vous vous sentez bien en ce moment et à cet endroit.

(2 secondes)

Et à chaque chiffre que je dirai, vous vous sentirez de plus en plus détendu. Très, très bien.

(2 secondes)

Dix. Vous vous sentez encore plus détendu.

(2 secondes)

Neuf. Vous vous détendez encore, encore et encore Vous vous sentez de mieux en mieux et toujours plus détendu.

(2 secondes)

Huit ! Vous vous détendez de plus en plus, de plus en plus. Jusqu'à...

(2 secondes)

Sept. De plus en plus détendu, toujours plus. Vous vous sentez bien, très bien. Jusqu'à...

(2 secondes)

Six. De plus en plus détendu. Toujours plus, jusqu'à...

(2 secondes)

Cinq. Vous vous sentez de plus en plus détendu jusqu'à...

(2 secondes)

Quatre. Vous êtes encore plus détendu, jusqu'à...

(2 secondes)

Trois. Toujours plus de détente, encore plus détendu, jusqu'à...

(2 secondes)

Deux. De plus en plus détendu, jusqu'à...

(2 secondes)

Un. Vous vous détendez encore plus, encore plus, plus que jamais avant. Vous êtes complètement détendu. Maintenant, nous allons à...

(2 secondes)

Zéro. Et vous êtes complètement détendu.

Maintenant, je veux qui vous continuiez à vous sentir complètement détendu et très à l'aise.

Je veux que vous imaginiez que vous êtes dans un endroit merveilleux. C'est un endroit magnifique, merveilleusement agréable.

Et vous utilisez le pouvoir de votre esprit pour vous imaginer l'environnement de ce merveilleux endroit. Vous regardez tout autour de vous et vous voyez clairement tout ce qui vous entoure. Vous vous représentez clairement cet endroit et vous sentez comme vous y êtes bien.
(2 secondes)

Dans un moment, je vais vous demander d'utiliser le pouvoir de votre esprit et de votre imagination. D'imaginer que vous sortez de votre corps en vous élevant au-dessus de lui dans la lumière de cette belle journée. Jusqu'à un endroit où vous serez à plusieurs centaines de mètres au dessus de votre corps.

De ce point, vous redescendrez lentement jusqu'à ce que vous soyez de nouveau sur la terre. Mais cette fois, quand vos pieds toucheront la terre, vous vous trouverez dans une vie précédente. Dans une expérience qui vous donnera vraiment l'impression que vous êtes dans une vie que vous avez eue dans le passé. Avant d'être né.

Vous pourrez voir des scènes de votre vie.

Vous pourrez y entrer et en sortir.

Tout en étant complètement détendu, vous pourrez parler et, simultanément, éprouver les émotions, les pensées et les scènes qui vous viendront à l'esprit.

Et, si vous le désirez, vous pourrez abandonner votre esprit critique et juste laisser apparaître à la surface ce qui vous viendra à l'esprit. Vous pourrez le faire sans aucun problème.

Plus tard, vous pourrez repenser à tout cela de façon critique pour l'analyser si vous en avez envie. Mais pour l'instant, laissez simplement les choses arriver.

L'expérience commencera. Et vous vous apercevrez que, pendant tout le temps que durera cette expérience, votre corps restera parfaitement détendu et bien.

Vous pouvez éprouver les émotions qui accompagneront les événements. Et, si cela arrive, vous vous sentirez complètement tranquille car ces émotions ne peuvent absolument pas vous faire de mal maintenant.

Vous les avez déjà vécues et vous savez que vous êtes en sécurité.

Maintenant, dans cet endroit merveilleux, vous sentez la force de la vie en vous, cette énergie qui fourmille dans votre corps.

Maintenant, vous vous sentez en train de monter au-dessus de votre corps. Vous utilisez le pouvoir de votre esprit pour monter au-dessus de votre corps. Seulement quelques centimètres, au début. Maintenant, vous pouvez vous sentir en train de vous élever de plus en plus haut.

Vous sentez que vous montez de plus en plus haut au-dessus de votre corps. Vous utilisez le pouvoir de votre esprit pour l'imaginer. Ça y est, vous y êtes. Vous vous sentez si bien, si détendu.

Dans un moment, je vais claquer des doigts, et votre inconscient va sélectionner une vie antérieure qui est particulièrement intéressante pour votre vie actuelle.

Vous vous détendez et vous laissez votre inconscient faire le travail. Laissez-le choisir une vie.

(Claquer des doigts une fois)

Maintenant, vous vous sentez redescendre lentement. Vous descendez. Vous descendez. Maintenant, vous vous apprêtez à toucher le sol, lentement, doucement.

Maintenant, rappelez-vous que, quand vous toucherez le sol, vous vous souviendrez d'une vie antérieure et vous accepterez ce que vous avez vu.

Vous descendez, vous descendez. Vous reprenez lentement contact avec le sol. Vous regardez vos pieds.

Est-ce que vous voyez vos pieds ?

(2 secondes)

Regardez par terre, à vos pieds.

(2 secondes)

Maintenant, relevez lentement les yeux...

(1 seconde)

... Lentement...

(1 seconde)

... Lentement...

(2 secondes)

Soyez prêt à accepter ce que vous voyez.

(2 secondes)

Continuez à relever les yeux. Soyez prêt à accepter ce que vous voyez.

(2 secondes)

Maintenant, vous devriez être en train de regarder droit devant vous.
(2 secondes)

Vous devriez commencer à voir de plus en plus nettement le monde qui vous entoure.
(1 seconde)

Cela devient lentement de plus en plus net.
(1 seconde)

De plus en plus net.
(1 seconde)

Les choses devraient être plus nettes, maintenant.
(1 seconde)

Encore plus nettes.
(1 seconde)

Encore plus nettes.
(1 seconde)

Concentrez votre regard maintenant sur ce que vous voyez, et acceptez-le.
(2 secondes)

Acceptez ce qui vous entoure.
(2 secondes)

Maintenant, quand je compterai trois, vous me direz ce que vous voyez.
(1 seconde)

Un...
(1 seconde)

Deux...
(1 seconde)

Trois...
(2 secondes)

Maintenant, dites-moi ce que vous voyez dans cette vie passée.
(Laisser un intervalle de 30 secondes sur la bande magnétique.)

Continuez à me dire ce que vous voyez.
(30 secondes)

Y a-t-il des gens ?
(5 secondes)

Si vous voyez des gens, comment sont-ils habillés et quelle allure ont-ils ?
(30 secondes)

A quoi ressemble l'endroit que vous voyez ? Parlez-moi de ce que vous voyez ? Y a-t-il des bâtiments ou des constructions d'une sorte ou d'une autre ? A quoi ressemble le paysage ? Dites-le-moi.
(30 secondes)

Parlez-moi encore de l'environnement dans cette vie passée, si c'est possible.
(15 secondes)

Vous sentez-vous libre de vous déplacer dans cette vie passée ?
(5 secondes)

Explorez la situation en toute liberté. Examinez les choses qui vous entourent. Observez cette vie du passé avec émerveillement. Dites-moi ce que vous voyez.
(30 secondes)

Entendez-vous des gens parler ?
(2 secondes)

Si c'est possible, dites-moi ce que vous enten-

dez. Sinon, ce n'est pas grave. Continuez simplement à vous promener dans ce rêve.
(2 secondes)

Décrivez ce que vous voyez et ce que vous entendez. Je vous écoute.
(30 secondes)

Si vous voulez continuer, je vous écoute toujours.
(30 secondes)

Entendez-vous encore des gens parler ou plus rien ? Parlez-moi encore de ce que vous entendez et de ce que vous voyez.
(30 secondes)

Voyez-vous quelqu'un, dans cette vie du passé, qui serait dans votre vie actuelle ?
(3 secondes)

Si c'est le cas, parlez-moi de cette personne, ou de ces personnes. Qui est-ce, dans cette vie passée ?
(30 secondes)

Dites-moi comment ces personnes se conduisent avec vous ?
(30 secondes)

Dans cette vie passée, vous pouvez vous déplacer dans le temps. Allez jusqu'à la fin de cette vie et dites-moi ce que vous voyez.
(2 secondes)

Quel est votre aspect ?
(15 secondes)

Où êtes-vous ? Décrivez ce qui vous entoure.
(15 secondes)

Je vous demande de me dire ce qui se passe à ce moment de votre vie passée. Je vais garder le silence pendant deux minutes pour vous laisser le temps de décrire en détail ce qui se passe. C'est à vous de parler.

(2 minutes)

Avez-vous encore des choses à dire ? Je vais me taire pendant encore 1 minute pour que vous puissiez encore parler si vous le désirez.

(1 minute)

Bien. Y a-t-il encore autre chose ? Je vais encore me taire pour vous laisser parler.

(30 secondes)

Bien. Abandonnez votre vie passée là où elle en est. Comme vous contrôlez ces événements, vous pouvez tout à fait le faire si vous le voulez.

(5 secondes)

Je veux que vous vous rappeliez que c'était une vie passée. Vous êtes dans une autre vie maintenant, et ce qui a pu arriver dans cette vie passée est fini maintenant. Les expériences de votre vie passée peuvent vous aider à vivre mieux la vie présente, à être plus heureux.

(5 secondes)

Vous allez revenir tout doucement dans votre vie présente. Sentez comme vous redescendez lentement dans votre corps. Doucement. Très doucement.

(5 secondes)

Sentez votre inconscient en train de quitter le passé et de revenir dans votre corps. Doucement. Doucement. Il se glisse à l'intérieur de vous comme une main dans un gant.

(5 secondes)

Pouvez-vous le sentir ? Vous êtes de nouveau dans votre corps.

(5 secondes)

Bougez doucement vos mains et vos pieds.

(5 secondes)

Bougez doucement votre tête d'un côté et de l'autre.

(5 secondes)

Vous allez respirer profondément, trois fois de suite.

(2 secondes)

Un...

(2 secondes)

Deux...

(2 secondes)

Et trois.

(2 secondes)

Vous êtes revenu, maintenant. Ouvrez les yeux et prenez conscience de ce qui vous entoure. Maintenant, j'ai fini, mais vous pouvez rester allongé encore quelques minutes et penser à cette vie passée dont vous venez de faire l'expérience. A-t-elle des liens avec votre vie présente ? Pouvez-vous en tirer des leçons utiles ? Prenez le temps d'y réfléchir et, ensuite, reprenez vos occupations.

(Fin de l'enregistrement.)

L'intérêt de l'auto-hypnose

Vous le constatez, un enregistrement impose des restrictions que l'on ne connaît pas dans une séance d'hypnose « en direct ». Par exemple, dans un enregistrement, on suppose a priori que certaines expériences vont se produire, comme celle où le sujet verra d'autres personnes, d'autres constructions ou un environnement spécifique.

Souvent, les gens qui font une régression ne voient rien de tout cela, au point que le guide aveugle qu'est un enregistrement leur embrouillerait les idées. Un hypnotiseur, au contraire, peut les accompagner en suivant le fil de leur expérience.

Les textes à enregistrer sont également incapables d'anticiper des événements qui pourraient être intéressants par rapport à la vie présente du sujet. Par exemple, si un fragment de conversation entendu dans une vie passée a un rapport avec un problème du présent — et offre, donc, un intérêt particulier pour le sujet —, l'enregistrement ne peut pas approfondir la question, alors qu'un hypnotiseur le fera.

Après avoir exposé quelques-uns des inconvénients de la régression avec un enregistrement, je voudrais insister sur son principal atout : *un enregistrement permet au sujet de se familiariser avec l'hypnose parce que l'induction hypnotique est faite par sa propre voix.* C'est cela qui fait le véritable intérêt de l'enregistrement. Si le sujet obtient des résultats raisonnables, grâce à l'auto-hypnose, en utilisant un enregistrement qu'il a fait lui-même, il se rendra compte que l'hypnose n'aboutit pas à la perte de contrôle mais à l'obtention d'un contrôle permettant de se brancher sur son inconscient.

Comprendre cette réalité de l'hypnose peut l'amener à approfondir son exploration de lui-même en recourant au talent d'un hypnothérapeute averti.

ANNEXE

Quelques adresses utiles en France

L'Institut Physique et Conscience
28 rue Poincaré
68700 Cernay

ou bien

A l'attention de Patrick Drouot
B.P. 326
75823 Paris Cedex 17

Patrick Drouot, qui a formé plus d'une centaine de personnes à la régression, a fondé l'Institut Physique et Conscience pour structurer la recherche en ce domaine ainsi que l'Action entreprise par ces thérapeutes. Parmi ceux-ci, on trouve des médecins, des psychiatres, des psychothérapeutes, des ostéopathes, etc. Le Conseil d'Ethique de l'Institut garantit « l'authenticité et l'intégrité de la pratique quotidienne » de ses membres.
Prix : Entre 300 et 600F, selon que l'on est en province ou à Paris, chaque séance durant de 1 h 30 à 2 h.

Madame Dominique Robert
16 rue Pierre-Brossolette
93110 Rosny-sous-Bois
Tél. 48 55 84 38
Psychothérapeute et graphologue

Après des études classiques, plusieurs années de travail en Orient ont conduit Dominique Robert à utiliser les régressions dans les vies antérieures et l'exploration de la vie fœtale comme méthode thérapeutique. Elle a plus de vingt ans d'expérience.
Consultations : Paris et Sud de la france.
Prix : Entre 300 et 600 F, pour 1 h 30 à 2 h de travail.

Quelques adresses utiles en Grande-Bretagne

Vous trouverez ci-après les noms et adresses de trois membres de la communauté des « vies antérieures en Grande-Bretagne ». Ils appartiennent à APARTS (Association pour la recherche et la thérapie par la régression), qui réunit des thérapeutes versés dans ce domaine.

Dr Vernon Bell, BSc, MA, PhD, DD,
95 Prospect Road,
Woodford Green,
Essex IG8 7ND
(Il pratique depuis quarante et un ans la régression sous hypnose et la thérapie par la réincarnation.)

Ursula Markham
Hypnothink Foundation,
PO Box 154
Cheltenham,
Gloucester GL53 9EG
(Responsable de Hypnothink Foundation ; elle fait de la thérapie par les vies antérieures depuis sept ans.)

British Society of Hypnotherapy,
37 Orbain Road,
London SW6 7JZ
(Si vous souhaitez des renseignements complémentaires, veuillez leur envoyer une enveloppe avec votre adresse.)

TABLE DES MATIÈRES

Achevé d'imprimer en septembre 1990
sur presses CAMERON,
dans les ateliers de la S.E.P.C.
à Saint-Amand-Montrond (Cher)
pour le compte des éditions Robert Laffont
6, place Saint-Sulpice - 75279 Paris Cedex 06

Dépôt légal : septembre 1990.
N° d'Édition : 32846. N° Impression : 2123-1596.